MEMOIRES

DU MARQUIS DE ***

TOME V.

MEMOIRES

ET

AVANTURES

D'UN HOMME

DE QUALITÉ,

Qui s'est retiré du monde.

TOME CINQUIE'ME.

A AMSTERDAM,

Aux dépens de la COMPAGNIE,

MDCCXXXI.

indifferentes. Quelque force que ces deux raisons puffent avoir par rapport à lui, la feconde tombe par fa mort, & l'autre ne fait pas fur mon efprit autant d'impreffion qu'elle faifoit fur le fien. Je lui paffe le principe fur lequel il raifonnoit, étant perfuadé comme lui qu'il y a des fautes qu'on ne peut reveler innocemment, parce que leur manifeftation entraine le fcandale: mais je ne fçaurois mettre dans ce rang les avantures de Milady R..... de Milady d'Ar.... de M. Law, de la Princeffe de R... &c. Il me femble au contraire que l'exemple de leur mauvaife conduite peut devenir utile: les vices de cette nature fervent pour ainfi parler de fanal à la vertu; ils l'éclairent, ils lui montrent les bornes qu'elle ne doit point paffer, & les précipices qu'elle trouveroit au-delà.

Je m'imagine donc Mrs. qu'en imprimant inceffamment cette Suite des Mémoires vous ferez un préfent agréable & avantageux au Public. On y trouvera plus de varieté que dans les deux parties précedentss. Le Stile n'en eft pas moins vif ni moins foutenu. La Morale y eft auffi pure & plus

fré-

fréquente, les sentimens aussi tendres, & le fond de la narration aussi interessant.

Pour ce qui regarde la personne de Mr. le Marquis de . . . il suffit de lire son Ouvrage pour prendre une idée juste de son caractére. Il a peint son cœur dans les sentimens qu'il y a répandus, & le tour de son esprit dans ses réflexions. On reconnoitra sans peine qu'il a dû être un pere tendre, un epoux fidele, un ami zélé & sincere, un guide sage & éclairé, &, ce qui fait la perfection de son éloge, un homme solidement vertueux. Sa mort a fait verser des larmes sinceres à tous ses amis. Ils ne s'en consolent que par l'héritage précieux qu'il leur a laissé, je veux dire le souvenir & l'exemple de ses vertus. J'ai l'honneur d'être &c.

MESSIEURS,

Votre &c.

D'EXILES.

SUITE
ET
CONCLUSION
DES
MEMOIRES

D'un homme de Qualité qui s'est retiré du monde.

LIVRE PREMIER.

ON m'apprend que le Public a fait un accueil favorable aux deux premiéres parties de mon Histoire & qu'il s'en est fait une nouvelle édition en Hollande, je ne sçais si je dois m'applaudir beaucoup de ce succès. Mes amis veulent me le faire regarder comme un motif qui doit me porter à reprendre la plume, & à continuer l'ouvrage. J'en conviendrois peut-être avec eux

ſi j'étois mieux informé ſur quoi
ſe fonde l'eſtime de ceux qui pen-
ſent avantageuſement de mon livre.
Je me tiendrois heureux par exemple qu'il eût pû leur plaire par les
endroits que j'eſtime moi-même,
c'eſt-à-dire, par les traits d'honneur & de vertu que j'ai pris ſoin
d'y répandre, & je confeſſe que
malgré le froid de la vielleſſe qui
commence à glacer mon ſang, je
rentrerois dans la carriére avec
une nouvelle ardeur; mais qui peut
me répondre que l'approbation
dont on honore mon ouvrage n'eſt
pas donnée peut-être à des choſes
que je ne puis m'empêcher de
condamner, quoique j'aye eû la
foibleſſe de les écrire? Je parle
de quelques deſcriptions trop tendres, & d'une certaine licence de
ſentimens, & d'expreſſions, qui
ſans pouvoir paſſer pour contrai-
res à la bienſeance & à la vertu
ne laiſſent pas d'avoir quelque
danger pour un lecteur inconſide-
ré qui s'en occupe trop, & qui
en eſt exceſſivement attendri. Cette penſée a fait tant d'impreſſion

ſur

fur moi qu'il s'en eft peu fallû
dans certains momens que je
n'aye jetté au feu le journal de
mes derniers voyages, & que je
ne me fois ainfi délivré de toutes les
inftances qu'on m'a fait de le donner au Public. Cependant j'ai fouf-
fert à la fin qu'elles ayent prévalû
fur mes fcrupules : c'eft une foibleffe que je devrois me reprocher je le reconnois, mais tel a toujours été mon caractére, une facilité exceffive, une complaifance
fans referve en amitié comme en a-
mour. Je fuis le même à foixante
ans que j'étois à vingt, ami de la fe-
vere vertu, mais foible & lent quelquefois à la pratiquer, quoique
toujours affez ennemi du vice
pour l'éviter avec horreur auffi
bien dans mes écrits que dans
toute la conduite de mes actions.
J'ay crû devoir rendre ce petit
compte au Public de la difpofition
où je me trouve en commençant
de mettre en ordre cette derniére
partie de mes Mémoires. Je lui
demande la continuation de fon
indulgence pour le refte de mes

avantures. Je suis trompé si elles n'interessent autant sa curiosité & sa compassion que les premiéres, car mon étoile n'a point changé, & je dois avertir ici mes lecteurs, comme j'ai fait au premier volume, qu'ils doivent se bien garder d'ouvrir mon livre s'ils craignent de ressentir la tristesse & l'attendrissement que produit une suite presque continuelle d'infortunes. Je reprens maintenant le cours de ma narration.

La mort de mon oncle ayant fait cesser toute la joye que nous commencions à gouter dans la maison de ma fille, nous changeames le dessein que nous avions d'y passer quelques semaines. Amulem me dit qu'il se croioit obligé de reprendre le chemin de l'Asie pour aller rendre compte de sa commission. Nous délibérâmes sur le tems de son départ, & comme nous étions bien resolus de ne pas nous séparer pour toujours, nous cherchames par quels moyens nous pourrions nous rapprocher. La premiére

miére propofition que je lui fis, fut de laiffer fes deux enfans chez ma fille. Il y confentit, & il s'engagea volontiers à retourner en France par le plus court chemin lors qu'il auroit fini fes affaires. Son abfence ne pouvoit pas durer moins de trois ou quatre mois ; je crus que ce tems me fuffiroit pour faire avec le Marquis le voyage d'Angleterre, après quoi nous pourrions auffi rentrer en France pour y rejoindre Amulem, y paffer quelque tems avec lui chez ma fille & prendre enfuite la route d'Allemagne, pour le conduire jufqu'à Vienne ; d'où il pouvoit fe rendre à Amafie avec fes enfans. Il trouva ce projet fort à fon gré. J'ecrivis à Monfieur le Duc pour le lui communiquer ; il l'approuva, & nous ne tardâmes pas à l'éxecuter. Les adieux furent tendres, furtout entre le Marquis & Memifcez. Je n'obfervai neantmoins rien entr'eux de plus particulier qu'à l'ordinaire ; ils eurent l'un & l'autre affez d'adres-

dres-

dreſſe pour me tromper , mais on verra qu'ils ne ſoutinrent pas ce perſonnage longtems.

Nous paſſames de Calais à Douvres avec un vent fort heureux ; nous nous occupames peu de tout ce qui s'offrit ſur notre route jusqu'à Grawefend , où nous quittames la poſte pour nous embarquer ſur la Tamiſe, mais notre indifference fut obligée de ceder à la magnificence & à la variété des objets qui ſe préſenterent bientôt à nos yeux. Je n'ai rien vû dans tous mes voyages qui approche de la beauté de ce ſpectacle. La Tamiſe depuis Londres juſqu'à la mer eſt non ſeulement une des plus larges riviéres de l'Europe , mais une des plus agréables, & des plus propres à la navigation. Les plus grands vaiſſeaux y entrent avec facilité , & elle en eſt ſi couverte pendant l'eſpace de plus de vingt-cinq miles , qu'il reſte à peine un canal étroit pour le paſſage de ceux qui arrivent de nouveau. Ses bords ſont remplis de Magaſins , d'Arſenaux , &

de

de quantité d'autres édifices qui
fervent aux ufages du commerce & de la navigation. Dans
les endroits où la vuë peut s'é-
tendre d'avantage, on apperçoit
un grand nombre de belles maifons repanduës de tous côtez dans
les plaines ou fur le penchant des
colines, des jardins ornez, des
villes bien peuplées, & bien bâties;
enfin l'on ne peut ouvrir les yeux
dans cette heureufe Ifle fans prendre
une idée de l'abondance qui y regne,
& du bonheur de fes habitans.

Nous traverfames donc une fo-
rêt de vaiffeaux qui fembloient
fe multiplier à mefure que nous
avancions, & la marée nous é-
tant favorable nous arrivames en
peu d'heures au pied de la Tour de
Londres. Je remets à parler plus
bas de ce lieu célebre, & de tout
ce que nous vimes de curieux dès
le premier jour. Comme il ne
manque rien à Londres de tout ce
qui peut fervir à la commodité
des étrangers, nous nous fimes
tranfporter fans peine, nous &
nos équipages, au quartier de la

A 4   Ville

Ville où nous voulions prendre notre demeure. Nous choisîmes celui de la Cour comme le plus agréable, & le plus convenable au dessein qui nous amenoit en Angleterre, ce fut dans Suffolk-street que nous louames un appartement. Quoique les maisons de Londres ne soient pas si belles, n'y si magnifiquement meublées que celles de Paris, elles sont propres & commodes, la plûpart des ruës sont larges & bien percées; il ne leur manque que d'être plus nettes & mieux pavées; elles sont ordinairement si sales qu'il seroit impossible d'y marcher à pied si l'on n'avoit eu soin de ménager au long des maisons un petit espace defendu par des poteaux de bois qui empêchent les carrosses d'en approcher, & qui sert pour le passage des gens de pied: lors-qu'on veut traverser la ruë, on cherche un rang de pavez un peu plus large & plus haut que les autres. On en entretient ainsi d'espace en espace, & l'on est obligé pour les tenir propres

pres de les netoyer plufieurs fois
le jour. Outre les grandes ruës
qui traverfent la Ville de tous
côtez il s'en trouve une infinité de
petites qui leur fervent de communication. On appelle celles ci
des courts ou des allées ; la plûpart font paveés de marbre ou de
grandes pierres quarrées ; de forte
qu'elles font toujours fort nettes
& fort unies. Il n'eft jamais permis aux voitures à rouës d'y paffer. Rien ne donne un plus
grand air aux ruës de Londres que
les enfeignes qu'on y voit à chaque maifon. Les Anglois n'épargnent rien pour les rendre magnifiques, on m'en a montré quelques-unes qui ont couté jufqu'à
cinq-cens écus, elles font dorées
& embellies par divers ornemens
de fculpture & de peinture, & la
plûpart font fi grandes & fi pefan-
tes, qu'elles ont befoin d'être
foutenuës par des pilliers qui
rendent les ruës étroites en quantité d'endroits. Les Eglifes font
auffi une des principales beautez de
Londres. Elles ont été rebâties

A 5

pres-

presque toutes, depuis l'incendie
qui confuma la plus grande partie de cette Ville. Elles font toutes dans le gout moderne, & il
y en a peu qui ne faffent honneur
à leur Architecte. L'Eglife de
St. Paul qui eft la Cathédrale, mé-
riteroit une defcription particuliere, c'eft un des plus fuperbes E-
difices qu'il y ait au monde, mais
le deffein de ces Mémoires n'eft
pas de tracer le plan d'une Eglife,
ou d'un bâtiment particulier. Je
ne parle de ces fortes d'objets
qu'en paffant & pour donner u-
ne legere idée d'un païs, qui n'eft
pas auffi eftimé qu'il devroit l'ê-
tre des autres peuples de l'Europe, parce qu'il ne leur eft pas affès
connu. Je ne manquerai pas dans la
fuite de ces Mémoires de remarquer ainfi peu à peu, ce qu'il y
a de plus digne d'attention à Londres & dans les autres parties
d'Angleterre. Mr. le Duc de . . .
ayant prévenu M. . . notre Ambaffadeur, fur l'arrivée de fon
fils, par une lettre écrite avant
notre départ de France; nous
cru-

crumes ne devoir paroitre à Londres qu'après lui avoir fait notre
premiére visite. Il fit un accueil
des plus honêtes au Marquis, &
il voulut l'engager à se servir d'un
de ses carrosses : mais nous le re-
fusames, étant déja convenus du
prix pour un carrosse de remise.
Il se trouva heureusement qu'il a-
voit fait demander audience pour
le lendemain à Sa M. B. Il nous
offrit de prendre cette occasion
pour présenter le Marquis. Nous
nous rendimes avec lui sur les
dix-heures du matin au Palais de
St. James, & après l'avoir attendu quelque tems dans l'anticham-
bre, pendant qu'il entretenoit secretement le Roi, il revint lui-même nous prier d'avancer, & il
conduisit le Marquis vers Sa Majesté, qu'il avoit déja prévenu sur
son sujet. Le Roi étoit assis dans
un fauteüil. Il se leva à l'arrivée
du Marquis, il ôta civilement son
chapeau & l'ayant remis aussi-tôt
il s'avança au milieu de la chambre
où nous eumes l'honneur de nous
promener un quart d'heure avec
A 6

lui

lui. Il affura obligeament le Marquis de fon eftime, & lui promit
de contribuer de tout ce qui feroit
en fon pouvoir pour lui faire trouver de la fatisfaction en Angleterre. Nous fumes admis le même
jour à l'audience du Prince &
de la Princeffe, de qui nous ne
reçûmes pas moins de civilitez.

La Cour d'Angletrre, & toute
la Ville de Londres étoit alors
dans une extréme agitation : on y
craignoit encore les fuites de la
revolte d'Ecoffe, & de l'entreprife du Prétendant : car quoique
les efperances de ce malheureux
Prince euffent échoüé à Prefton,
& que fon parti fût entiérement
diffipé depuis que les cinq principaux chefs étoient tombez entre
les mains du Roi qui les tenoit
prifonniers à la Tour ; on ne doutoit point qu'il n'y eût encore
non feulement en Ecoffe, mais à
Londres même, & dans toutes
les Provinces d'Angleterre, quantité de perfonnes mal difpofées en
faveur du Gouvernement. Cette
opinion tenoit le Roi & le Parlement

ment dans la crainte, on ne mettoit point de fin aux ſoubçons & aux recherches, & ſur les moindres indices on arrétoit indifferemment tous ceux de la fidelité desquels on étoit mal aſſuré.

Les cinq chefs des rebelles qui avoient eû le malheur d'être faits priſonniers à Preſton, furent condamnez à la mort le jour même de notre arrivée. Le Roi fléchi par les larmes de leurs épouſes ſuſpendit l'éxecution pendant quelques jours, ſous prétexte de tirer d'eux un détail plus étendu de leur crime, & des reſſorts ſecrets de la conſpiration : mais il eut lieu de ſe repentir de cette bonté qui lui fit perdre une de ſes victimes. Ce fut le Comte de Nithisdale à qui la généroſité de ſon épouſe ſauva la vie d'une maniere extraordinaire. Cette Dame avoit une tendreſſe incroyable pour ſon mari : la nouvelle de ſa condamnation la fit tomber d'abord dans un évanouiſſement ſi long qu'il penſa lui cauſer la mort; en étant revenuë à force de ſe-

cours

cours elle ne s'arrêta point aux larmes ; elle pensa aux moyens de
le tirer de sa prison aux risques
de sa propre vie. Le Comte é-
toit un Seigneur aimable qui s'é-
toit fait un grand nombre de partisans zélez, même parmi la populace. Ce fut à ceux-ci que la
Comtesse s'adressa d'abord ; elle
repandit l'or & l'argent avec pro-
fusion pour les engager à se reunir lorsque son époux seroit conduit au supplice, & à l'arracher
des mains des executeurs. Quelque
affection qu'on eût pour le Comte
elle trouva peu de gens capables
d'une entreprise si hardie, & n'y
voyant point assès de certitude
pour être assurée du succès, elle
tourna ses vuës d'un autre côté.
Elle fut se jetter cent fois aux
pieds du Roi, qu'elle tâcha de
toucher par ses pleurs & par les
plus tendres expressions de la douleur & de l'amour ; elle sollicita
le Prince, les Seigneurs de la
Cour, les Ministres de toutes les
Puissances de l'Europe ; je la vis
chez Mr. l'Ambassadeur de France

ce & j'avouë que je ne pus retenir mes larmes, en voyant couler les siennes avec tant de graces & tant de marques d'un vrai désespoir. Enfin cette seconde voye n'ayant pas réussi, l'amour lui en inspira une plus heureuse. Elle retourna aux pieds du Roi qui eut la bonté de ne lui refuser jamais son accès, & paroissant renoncer à l'esperance de sauver son mari, elle demanda en grace la liberté de le voir en prison pour lui dire le dernier adieu. Cette faveur lui fut accordée. On la laissa seule avec le Comte suivant l'ordre du Roi. Elle profita de ce moment pour lui faire prendre ses habits, & s'etant couverte elle-même des siens, elle le pressa de sortir tandis qu'elle demeureroit à sa place : il fut assès heureux pour traverser toute la garde sans être reconnû, soit que le mouchoir dont il feignoit d'essuyer ses larmes favorisât son déguisement, soit que le Capitaine comme il y a plus d'apparence eût été séduit par les liberalitez de la Dame.

Cet

Cet évenement se répandit en un moment par toute la Ville : mais toutes les mesures qu'on prît pour découvrir les traces du Comte furent inutiles & l'on sut peu de jours après qu'il avoit gagné heureusement les côtes de France : on apprit en même tems que le Prétendant avoit quitté l'Ecosse, & qu'il avoit débarqué à Gravelines, dans le dessein de se retirer à Avignon. Cette derniére nouvelle rendit la Cour plus tranquille : mais elle n'empêcha point l'execution de la sentence portée contre les rebelles. Mylord Derwentwater & Mylord Kinmure furent décapitez ; le reste périt par d'autres supplices. Nous eumes la curiosité d'être présens à la mort des deux premiers, leur constance & leur tranquilité me parurent heroïques ; c'est au Ciel à juger de la justice de leur cause, les Poëtes exercerent leur véine sur la fuite de Mylord Nithisdale & sur la generosité de son épouse, je me souviens de quelques vers d'une Ode Françoise

qui

qui fut faite à ce sujet & quoiqu'ils ne soient que mediocrement bons, & qu'ils péchent même contre les régles, j'en mettrai ici quelques-uns tels que ma mémoire me les rappelle.

Dans un cœur tendre & magnanime
L'Amour & la vertu d'accord
Arrachent sa conquête au crime
Malgré la trahison du sort &c.

Fui, dit-elle, chere moitié,
Fui la cruauté d'un tiran,
Dont le cœur sourd à la pitié
Se montre alteré de ton sang:
Mon bras levé pour ta défense
S'est soutenu par l'esperance
D'arracher ta tête au péril;
Ne crains pas que je me démente,
Victorieuse & trop contente
Si mon trépas peut t'être util.

Va conter à toute la France,
Et mon courage & ton bonheur:
Pour prix de ma noble assurance
Je ne veux de toi que ton cœur:
Et que tu graves dans ton ame
Que si par le bras d'une femme

Tu te vis conferver le jour,
La vie qu'elle t'a donnée
Eſt moins un fruit de l'himenée
Que l'ouvrage de ſon amour. &c.

Le jour même de l'execution de Mylord Derwentwater nous nous trouvames à l'aſſemblée qui ſe tenoit trois fois la ſemaine chez Milady R.... je fus ſurpris d'y voir regner un air de triſteſſe que je n'y avois point remarqué deux jours auparavant. On m'apprit en ſecret que cette Dame avoit aimé paſſionemment ce malheureux Seigneur ; mais que la conſidération du Roi autant que celle de ſon mari, l'empêchoit de donner des marques publiques de ſa douleur, & qu'elle ſe faiſoit violence jusqu'au point de ne pas même interrompre l'ordre des aſſemblées qui ſe tenoient chez elle. J'obſervai curieuſement ſon viſage, pour tâcher d'y découvrir la ſituation de ſon ame. Elle remarqua mon attention, & lorsque la compagnie fut prête à ſe retirer, elle me fit avertir par un laquais qu'elle qu'elle souhaitoit de m'entretenir en particulier. Je ne savois qu'augurer de cette assignation. Je priai le Marquis de monter seul en carrosse & d'aller m'attendre au logis pour souper, on m'introduisit un moment après dans le cabinet de la Dame; elle en ferma la porte avec de grandes précautions, & m'ayant fait asseoir elle me tint ce discours. Je sai, Monsieur, que vous êtes un homme de naissance, & ce que j'estime encore plus, un homme d'honneur; ainsi je ne fais point difficulté de m'ouvrir à vous; vous voyez en moi la plus malheureuse femme du monde. J'ai perdu aujourd'hui le seul bien qui pouvoit me faire aimer la vie; & si j'ai la force de survivre au pauvre Mylord de Derwentwater je ne me sens point celle de demeurer plus longtems avec les barbares qui me l'ont ravi. Il faut que j'abandonne l'Angleterre, dûssai-je périr dans cette entreprise. Je sai que tous les ports sont gardez, qu'on ne laisse sortir personne sans des

for-

formalitez infinies , en un mot
que j'ai à tromper la vigilance
du Roi & celle de mon mari:
mais les difficultez fuffent-elles encore plus grandes , il faut que je les
furmonte. J'ai communiqué mon
deffein fur la foi du fecret à Monfieur votre Ambaffadeur , & je
l'ai prié de me procurer une retraite en France. Il s'en eft défendu
par la crainte de déplaire au Duc
Régent , qui paroit ménager beaucoup le Roi d'Angleterre : mais
il m'a confeillé de m'adreffer à
vous , comme à la perfonne la
plus capable de me rendre ce bon
office. Voyez , Monfieur , ce que
vous vous fentez difpofé à faire
pour obliger une malheureufe, &
comptez fur des marques de reconnoiffance qui furpafferont vos
defirs.   Je m'étois fi peu attendu
à une telle ouverture que je fus
long-tems incertain de ce que je
devois répondre. Je me trouve fort
honoré de votre confiance , lui
dis-je à la fin , mais en vérité, Madame , j'admire que Mr. l'Ambaffadeur me trouve fi propre à faire
ce

ce qu'il refuse lui-même d'entreprendre. Ne vous a-t-il pas dit du moins de quels moyens il prétend que je me serve? Ou plutôt, Madame, ayez la bonté de considerer vous même qu'étant absolument étranger dans ce Royaume où je ne suis arrivé que depuis huit jours, & n'ayant point d'autre titre que celui d'accompagner le fils de Mr. le Duc de ... Je n'ai en aucune maniére le pouvoir d'executer vos volontez. Vous l'avez, Monsieur, interrompit-elle, & je ne vous aurois pas proposé la chose si je n'étois assurée qu'il dépend de vous de la faire réussir. Je m'explique en deux mots : vous pouvez renvoyer un de vos domestiques en France sous le prétexte de quelques affaires, & obtenir de la Cour un passeport pour deux. Je me déguiserai, je prendrai même s'il est nécessaire la livrée du jeune Seigneur qui est sous votre conduite & je passerai ainsi sans peine à la faveur du passeport. Je vous prie seulement de me faire accompagner

gner d'un domeſtique ſage & dont la fidelité ſoit à l'épreuve. Aſſurément, Madame, lui dis-je, voilà un denoument auquel je n'aurois pas penſé. Je ne vous demande qu'un jour pour déliberer ſur ma réponſe ; n'interprétez pas mal ce délai, & tenez vous aſſurée de mon reſpeɛt & de ma diſcretion. Je la quittai ſur le champ, & je me retirai en rêvant à cette avanture. La reſolution que je pris fut d'aller voir le lendemain au matin Mr. l'Ambaſſadeur, & de m'entretenir avec lui de tout ce que j'avois entendu.

Mais il ſe préparoit le même ſoir un autre ſcene qui devoit me donner plus d'inquiétude. Le Marquis ne s'attendant pas que je dûſſe être ſitôt de retour au logis, avoit choiſi le tems de mon abſence pour écrire une lettre qu'il n'avoit pas deſſein ſans doute de me communiquer. Il étoit dans cette occupation lorsque j'entrai dans ſa chambre ; & le voyant ſi appliqué qu'il ne s'appercevoit pas de mon arrivée, je me fis un

plaiſir

plaisir de le surprendre en m'a-
vançant sans bruit derriére sa chaise. Il continuoit d'ecrire & quoique je n'eusse aucune raison de
me défier du sujet de sa lettre je
jettai les yeux dessus par curiosité. Je connus aussitôt que c'é-
toit une lettre d'amour. Ma surprise ne peut être exprimée. Je
pris le parti de me retirer aussi
doucement que j'étois entré, &
ayant fait appeller Brissant, qui
étoit toujours son homme de confiance, je le questionnai sur les
affaires de son Maître. Je découvris aisément qu'il ne savoit rien
de cette intrigue. Il me dit sans
se faire presser que depuis notre
arrivée à Londres il n'avoit point
rendu d'autre service au Marquis
que de porter une de ses lettres
à la poste. Je lui demandai à qui
elle étoit adressée ; il m'assûra qu'il
n'avoit point lû l'adresse & qu'il
se souvenoit seulement qu'elle é-
toit pour la France. Je lui ordonnai de me faire voir doresna-
vant toutes celles qu'il recevoit
de son Maître avec menace de le

ren-

renvoier en France s'il manquoit
à m'obeir. Je fortis enfuite, &
j'allai paffer une heure dans un
caffé voifin pour laiffer au Marquis le tems de finir fes dépeches.

Je trouvai à mon retour Briffant qui m'attendoit à la porte &
qui me mit la lettre entre les
mains. Je remis à la voir avant mon
fommeil. Nous foupâmes avec
notre tranquilité ordinaire, en nous
entretenant des coutumes du païs
dont le Marquis étoit charmé.
Je ne puis pardonner à Guy Patin, me dit-il, le caractére odieux
qu'il fait des Anglois : il prétend
qu'ils font entre les hommes ce
que les loups font entre les bêtes : fe peut-il rien de plus faux
& de plus injufte ! je n'ai rien vû
au contraire de plus humain &
de plus poli que les Seigneurs avec
lefquels nous fommes en liaifon,
n'y rien de plus doux & de plus
aimable que les Dames de Londres : leur façon de fe mettre,
les coutumes de leurs affemblées,
l'air naturel & ouvert de leurs
maniéres , enfin tout ce que j'en
ai

ai remarqué jusqu'à présent me remplit déja d'estime pour la nation. Il m'arrive précisément, ajouta-t-il, le contraire de ce qui m'est arrivé en Espagne : Je fus dégouté des Espagnols dès les premiers momens du commerce que j'eus avec eux, & je ne vois rien en arrivant en Angleterre qui ne me prévienne avantageusement pour les Anglois. Vous ne vous trompez pas, lui répondis-je, dans le jugement que vous portez d'eux: j'ai eu il y a long-tems l'occasion de les connoitre, étant venu en Angleterre dans ma jeunesse, & j'appris dès-lors à les estimer. Cependant il y faut faire quelques distinctions. La censure de Guy Patin est comme vous dites fausse, & injuste si elle embrasse tout le corps de la Nation, car il n'y a point de païs où l'on trouve tant de droiture, tant d'humanité, des idées si justes d'honneur, de sagesse & de felicité que parmi les Anglois. L'amour du bien public, le goût des sciences solides, l'horreur de l'esclavage & de la

flaterie font des vertus presque
naturelles à ces peuples heureux,
elles paſſent de pere en fils comme un héritage: mais il ne faut
chercher les Anglois dont je parle, ni parmi la populace qui eſt
trop groſſiere & trop feroce en
Angleterre pour être capable de
ces grands ſentimens, ni parmi
la jeuneſſe qui y eſt d'ordinaire
extrémement libertine. Ce n'eſt que
dans un certain âge & dans une
certaine élevation au-deſſus du
commun qu'on apperçoit le vrai
caractére des Anglois; ſi vous les
regardez dans ce point de vûë
j'oſe vous répondre que plus vous
viendrez à les connoitre, plus vous
vous accoutumerez à les eſtimer
comme un des premiers peuples de
l'univers. Ainſi continuai-je, la
penſée de Guy Patin eſt abſolument fauſſe, s'il a prétendu l'ap-
pliquer indifferemment à tous les
Anglois; mais s'il n'a parlé que
du peuple de la plus baſſe condition, elle doit paſſer ſeulement
pour une penſée outrée qui n'eſt
pas tout à fait injuſte. Vous dirai-
je,

je, reprit le Marquis, quelle idée
je me forme des trois principales
Nations que j'ai vûës jufqu'à
préfent? Les Efpagnols font des
gens qui ne plaifent ni lorfqu'on
commence à les voir, ni lorfqu'on
vient à les connoitre parfaitement:
on s'en dégoute au premier coup
d'œil & le peu de bien qu'on y
apperçoit en les connoiffant mieux,
n'a pas la force de furmonter ce
dégout.

Dans les François au contraire
tous les dehors font prévenans.
Ils raviffent l'eftime fans laiffer le
tems d'examiner s'ils la méritent.
Mais fçavent-ils fe la conferver
longtems? La plûpart laiffent voir
bien-tôt tant de legereté, tant de
préfomption, tant d'inconftance, en
un mot tant de vices réels avec
un fi petit nombre de bonnes qualitez fuperficielles, qu'on revient à
la fin de la premiere idée qu'elles
avoient fait naitre. Ils perdent à
être trop connus. Ils reffemblent
à ces ouvrages de l'art dont la
beauté ne fçauroit fe foutenir longtems, parce qu'ils manquent de

ce

ce fuc interieur & nourriffier par
où la nature entretient les fiens
dans une vigueur continuelle.
Quant aux Anglois, quoique leur
exterieur fimple & modefte ne
montre d'abord rien de brillant,
il promet beaucoup à des yeux at-
tentifs ; c'eft une écorce faine,
fous laquelle la premiére chofe
qu'on eft porté à croire, c'eft qu'il
ne fçauroit y avoir de pourriture
cachée. L'ouvre-t-on ? On n'apperçoit que des parties folides &
entieres, qui plaifent également à
la vûë & pour l'ufage. Plus on
pénétre, plus on eft fatisfait d'y
découvrir de nouvelles beautez
qui femblent s'accroitre & fe déve-
loper fans ceffe, l'eftime augmen-
te à mefure qu'on s'avance vers
la racine, c'eft là qu'on reconnoit la fource d'où coulent tous
les effets qu'on a admirez, en un
mot les vertus Angloifes font des
vertus conftantes, par ce qu'elles
font fondées en principes ; & ces
principes font l'ouvrage d'une
heureufe nature & de la plus pure
raifon.

J'ap-

J'approuvai beaucoup le jugement du Marquis, & je l'affurai
qu'il s'accordoit avec le mien.
J'étois ravi de le voir déja défait
de certains préjugez puerils qui
font ordinaires à la plûpart des
hommes, mais fur tout aux François, & qui les portent à fe donner fierement la préference fur
tous les autres peuples de l'univers. Cette folle difpofition d'efprit eft un obftacle à l'utilité qu'un
jeune homme peut tirer de fes
voyages, parce qu'elle l'empêche
d'appercevoir les vertus des Etrangers, & qu'elle lui déguife tous
les défauts qu'il apporte du païs où
il eft né.

Auffi-tôt que je me fus retiré,
& que je me trouvai feul dans ma
chambre, je pris la lettre que j'a-
vois reçuë de Briffant. L'adreffe me
parût une obfcurité des plus em-
baraffantes. Elle étoit au Bailif
de la terre de ma fille. Je médi-
tai quelque-tems fur les liaifons
que le Marquis pouvoit avoir avec
cet homme & ; ne pouvant rien
rappeller qui pût me fervir d'é-
B 3
clair-

claircissement. Je pris le parti d'ouvrir la lettre. La premiere feuille
n'étoit qu'une enveloppe qui ren-
fermoit un autre lettre, & celle-ci
n'avoit point d'autre adresse que
ces deux mots *pour M. Memiscès.*
Je crus concevoir alors de quoi
il étoit question, & m'imaginant
que c'étoit une lettre d'amitié que
le Marquis écrivoit à ma niéce je
fus sur le point de refermer l'enveloppe & d'envoyer le paquet à
la poste. Cependant un mouvement secret me fit desirer de tout
lire. Je rompis le second cachet.
En vérité je fus saisi d'un tremble-
ment violent en lisant les premiers mots, & la lettre faillit à
tomber de mes mains. Elle commençoit par le véritable nom de
ma niéce, je veux dire le nom de
son sexe que j'aurois juré être in-
connû au Marquis. Il l'appelloit
sa cherè & trop aimable Nadine;
tout le reste me fit connoitre trop
clairement qu'il sçavoit qu'elle
étoit fille, & qu'il l'aimoit plus
que jamais en cette qualité. Ce
qui redoubla mon chagrin fut de
trou-

trouver certaines expreſſions qui ne me permettoient pas de douter que ce ne fût d'elle-même qu'il tenoit cette découverte; de ſorte que je n'eûs; que trop de raiſons d'être aſſuré qu'elle étoit ſenſible à ſa paſſion. Dans l'embarras où me mit cet évenement je formai mille projets ſans pouvoir m'arrêter à une réſolution. J'apprehendai que le Marquis qui avoit été capable de me cacher une afſaire de cette importance, ne le fût peut-être auſſi de prendre mal les remedes que je voudrois employer pour le guérir. Son âge augmentoit, ſes voyages commençoient à lui donner plus de hardieſſe & d'experience. Je ne doutai point qu'il ne fût dans la ſuite plus difficile à conduire, enfin je regardai cette avanture comme une ſource de nouvelles peines qui m'étoient préparées. Après bien des réflexions qui m'ôterent le ſommeil pendant une partie de la nuit, je me déterminai à lui laiſſer ignorer que je fuſſe inſormé de ſon intrigue. J'écrivis de grand

B 4 matin

matin une lettre à ma fille dans laquelle je l'inſtruiſois de tout ce que j'avois découvert ; je la priois de parler à ſon Bailli pour ſçavoir de lui quelle liaiſon il avoit avec le Marquis & d'exiger abſolument qu'il lui remît entre les mains toutes les Lettres qu'il pourroit recevoir de Londres ; je lui marquois auſſi de veiller ſur les actions de ma niéce, & de la tenir occupée de plaiſirs & de divertiſſemens pour lui faire perdre peu à peu le ſouvenir de ſon amour, tandis que je tiendrois en Angleterre la même conduite à l'égard du Marquis. J'appellai enſuite Briſſant, & en lui donnant ma lettre à porter à la poſte je lui fis préſent de quelques guinées pour l'engager à ne rien révéler à ſon maitre. Etant aſſez ſatisfait de l'ordre que j'avois mis à cette affaire je ne penſai qu'à me rendre chez Mr. l'Ambaſſadeur pour terminer celle de Mylady R. Quelque reſpect que j'euſſe pour ſon Excellence je lui fis connoitre librement une partie du chagrin qu'il m'avoit cauſé, en in-

ſpirant

spirant à cette Dame de s'adresser à moi. Il se mit à rire, que pouvois-je faire, me dit-il : c'est une charmante Lady ; elle m'a pressée avec les dernieres instances, & j'étois au désespoir que mon emploi ne me permît pas de lui rendre ce service moi-même : d'un autre côté n'est-il pas vrai que vous pouvez faire ce qu'elle demande sans aucun risque ? Et ne sçai-je pas, ajouta-il, en souriant, que vous êtes encore assez galant pour l'entreprendre ? Je lui répondis que je ne pouvois croire qu'il parlât sérieusement : il m'assura qu'il parloit le plus sérieusement du monde, & qu'il n'y voyoit pas la moindre difficulté. Si cela est repris-je, je ne réfuse pas de servir Mylady R..... mais c'est à condition que je rejetterai cette entreprise sur vos conseils & sur vos sollicitations, s'il arrive qu'elle finisse malheureusement. Je consens à tout me dit-il, pourvû que je n'aie réellement aucune part à l'action.

Comme je ne vis pas en effet, après avoir considéré meurement

les chofes qu'il y eût rien à craindre pour moi, excepté peut-être
la haine du Mylord avec qui je
n'étois pas lié affez étroitement
pour la regarder comme un grand
malheur, je réfolus de fatisfaire
fon époufe. Je crus feulement devoir prendre quelques précautions
de fageffe pour éviter l'éclat. La
premiere fut d'écrire un billet à
cette Dame par un inconnu & de
lui demander une entrevuë dans
une endroit écarté. La réponfe
me fut apportée fur le champ ; je
me rendis fans differer au lieu de
l'affignation qui étoit le Bagno de
Chancerylane. Mylady R..... y
arriva en moment après moi dans
une chaife à porteurs. Elle fut
charmée du confentement que je
donnai à fes defirs, nous convinmes de toutes les mefures que
nous avions à prendre, & pour
continuer à les affurer nous réfo-
lumes de nous voir encore quelquefois dans le même lieu.

Avant que d'achever le récit de
cette étrange hiftoire, je dois prévenir le lecteur fur quelques cir-
conftan-

stances qui pourront l'étonner ; je ne doute point que mon caractére qui s'est assez soutenu jusqu'ici dans ces Mémoires ne paroisse un peu démenti dans la suite par quelques-unes de mes actions. Mais comme en avoüant mes foiblesses j'exposerai aussi sincerement mes resistances & mes remords, j'espere trouver quelque indulgence dans les censeurs les plus séveres. Ils verront du moins que j'ai sçu conserver assez de pouvoir sur moi-même pour demeurer constamment attaché aux régles de l'honneur & de la vertu.

M'étant engagé comme j'ai dit avec Mylady R.... je me fis un point d'honneur de conduire cette affaire à une heureuse fin. Je n'eus pas de peine à obtenir un passeport pour deux Valets, je le fis voir à la Dame dès le lendemain, & je pris moi-même la mesure de sa taille pour lui faire faire un habit de livrée. Mon dessein étoit de la faire accompagner par Scoti. J'exigeai d'elle mille sermens pour m'assurer de son si-

lence,

lence, même après son évasion. Quelques jours se passèrent pendant lesquels je continuois de la voir dans Chancerylane. Elle me proposa de choisir un autre endroit pour le changement de ses habits & j'approuvai sa raison, qui étoit l'envie de prévenir toute défiance & de faire les choses plus secretement. Je louai une chambre dans les Moorfields. Elle y apporta ses pierreries & tout ce qu'elle pût ménager d'argent comptant, enfin la livrée étoit faite, Scoti préparé, & cette négotiation secrette sur le point de se terminer heureusement, lorsque la veille même du jour qui étoit destiné pour le départ, Mylady m'arrêta par le bras au moment que je la quittois après lui avoir dit le dernier adieu. Son visage & ses yeux me parurent extrémement agitez ; elle me pria de me remettre sur ma chaise & voici le discours qu'elle me tint. Helas ! Monsieur de Renoncourt , j'ai honte de vous apprendre ce qui cause le trouble où vous me voyez.

Il

Il n'y eût jamais de femme si infortunée que moi. Vous sçavez dans quelles douleurs m'a jettée la mort du pauvre Mylord Derwentwather. Les larmes que j'ai versées pour lui étoient sinceres, puisque j'ai été capable de prendre la résolution désesperée que je suis prête d'executer : cependant mon cœur est si changé que je ne me reconnois plus. Il me semble que ce n'est plus pour lui que je pleure. Je l'ai oublié entierement depuis cinq ou six jours & je ne suis occupée que de vous. Attendez, me dit-elle, voyant que j'étois prêt à l'interrompre, & écoutez moi jusqu'à la fin. Je sçais que cela doit vous paroitre surprenant après m'avoir vûë si vivement touchée, mais qu'elle autre raison puis-je vous donner que la force de mon étoile & vôtre propre mérite ! Je vous dirai néantmoins de quelle maniere ce changement est arrivé. En méditant il y a quelques jours sur mon passage en France je faisois réflexion à l'embarras où je me trouverai

B 7   dans

dans un païs inconnu , & je pen-
fois qu'il eût été à fouhaiter pour
moi d'avoir quelque honnête homme dont la prudence pût me fervir de guide. Vous m'étes venu à
l'efprit ; j'ai rappellé en même
tems l'honnêteté de vos maniéres,
vos foins généreux , & ce zèle
obligeant avec lequel vous avez
entrepris de me fervir. Tout cela
a fait fur moi une impreffion fur-
prenante. Je me fuis dit que vous
étiez la feule perfonne dont je
puffe attendre du fecours & de la
confolation. Je n'ignore point que
vous n'étes pas riche ; je me fuis
réfolue de vous offrir ma fortune
& de la partager avec vous. Mes
feules pierreries valent pour le
moins cent mille écus. Enfin je
fens que vous avez pris dans mon
cœur la place de Derwentwater,
il ne tient qu'à vous de la conferver toute ma vie. Repondez-moi,
Monfieur de Renoncourt , ajouta-
t-elle en me ferrant la main , re-
fuferez-vous les offres d'une femme telle que moi , & me rendrez-
vous plus à plaindre par vôtre dureté

reté que je ne la fuis par tous mes malheurs?

Elle fe tût en baiffant les yeux pour attendre ma réponfe & elle répandit quelques larmes. Le ciel m'eft témoin que de toute ma vie je ne me fuis trouvé dans une telle confufion : cependant pour ne pas paroitre incertain fur ma réponfe je m'efforçai de me remettre, & je lui dis avec le plus de tranquilité qu'il me fut poffible; l'aveu que vous me faites, Madame, doit fans doute me furprendre, mais quelque opinion que j'aye de votre fincerité, je ne fçaurois me perfuader qu'un homme de foixante-ans, accablé de fes malheurs & de fes longues fatigues, ait pû vous infpirer tout d'un coup des fentimens fi tendres & fi paffionnez. J'ai toujours fçu me rendre juftice, & je le fais bien plus aujourd'hui que la mort s'avance & ne me laiffe rien de plus proche à envifager que le tombeau; ainfi permettez-moi de regarder tout ce que vous m'avez dit de flateur comme un effet ex-

ceffif

ceſſif de vôtre reconnoiſſance pour les foibles ſervices que j'ai eû l'honneur de vous rendre ; mais quand il ſeroit vrai que vous auriez aſſez de bonté pour me vouloir tout le bien que vous dites, je vous prie de conſiderer que mon âge, ma réputation, & les engagemens que j'ai pris avec Monſieur le Duc de .... pour l'éducation de ſon fils, ne me permettroient pas de répondre à vôtre inclination. Non, Madame, vous étes trop raiſonnable pour me preſſer plus longtems là - deſſus. Mais je veux me rendre digne de l'eſtime que vous m'avez marquée, en vous donnant le meilleur conſeil que vous puiſſiez recevoir : C'eſt d'abandonner le deſſein du voyage de France, puiſque la ſeule cauſe qui vous l'a fait ſouhaiter, je veux dire vôtre amour pour Mylord Derwentwater, ne ſubſiſte plus. Retournez dans les bras de votre époux. Il n'a pas le moindre ſoubçon de ce qui s'eſt paſſé. Vous y trouverez tout le bonheur & toute la tranquilité que vous méritez.

Mon

Mon discours n'eut pas tout l'effet que j'aurois desiré. Cette infortunée Lady se mit à verser un torrent de larmes, & à accuser le ciel de sa malheureuse destinée. Comme je ne voyois rien en quoi je pûsse lui être utile, je me levai pour prendre congé d'elle & me retirer. Ah ! Monsieur, s'écria-t-elle en rédoublant ses pleurs, auriez-vous la barbarie de m'abandonner à l'état où je suis ? Demeurez du moins un moment pour être témoin de ma mort, car enfin, reprit-elle après avoir un peu revé, quel autre espoir me reste-il à présent ! Tous les chemins de la vie sont fermez pour moi. Vous me parlez de retourner à mon mari, ah ! vous ne sçavez pas que c'est mon plus cruel ennemi. Je périrois mille fois plutôt que de rentrer dans le moindre commerce avec lui. Alors elle m'apprit que la mort de Mylord Derwentwater avoit été un effet de la jalousie de son époux ; que quelque irrité que le Roi fût contre ce Seigneur, il ne l'auroit pas traité

avec

avec plus de févérité qu'il n'avoit
fait Mylord Widrington , Mylord
Winton , Mylord Nairn , & plufieurs autres chefs des rebelles
aufquels il avoit fait grace de la
vie , fi les accufations de Mylord
R.... & fes clameurs perpetuel-
les n'euffent point arrêté le penchant de ce Prince à pardonner ;
qu'elle avoit été traitée d'une maniere outrageante par ce cruel é-
poux , qu'il l'avoit voulu forcer
à être préfente à l'execution de
Mylord Derwentwater , & que
fur le refus qu'elle en avoit fait il
lui avoit donné brutalement plufieurs coups de la main & du
pied ; enfin qu'elle le regardoit
comme l'homme du monde le plus
odieux & le plus méprifable, & que
la feule raifon de le fuir fuffiroit
pour la porter aux dernieres extré-
mitez : que d'ailleurs quand elle
n'auroit point tous ces fentimens
pour lui il étoit trop tard pour
penfer au retour & à la réconci-
liation ; qu'elle avoit commis a-
vant que fortir de l'hôtel quelques defordres qui augmenteroient

in-

infailliblement fa haine ; que penfant en fortir pour n'y retourner jamais elle avoit fait main baffe fur tout ce qui s'étoit trouvé de précieux dans le cabinet de fon mari, & que tout ce qu'elle n'avoit pû emporter fon dépit le lui avoit fait brifer. En un mot, Monfieur, continua-t-elle j'ai rompu irréparablement tous les liens qui m'attachoient à l'Angleterre, je détefte cette ingrate Patrie, j'abhorre mon époux, je ne vois plus Londres qu'avec horreur, il faut que vous m'en tiriez promptement ou que vous me permettiez de me donner la mort. Ne vaudroit-il pas mieux, ajouta-t-elle en me regardant tendrement, que vous vous attachaffiez à ma fortune ! Eft-ce le perfonnage d'un honnête homme d'être infenfible aux avances d'une perfonne de mon fexe, ou fuis-je affez mal-faite pour infpirer de l'averfion & du dégout ! Quoique j'euffe pû lui répondre mille chofes, je voulus rompre cette converfation & lui faire perdre tout à fait l'efperance de pouvoir

voir

voir m'engager à la fuivre. Je lui
dis nettement que quelque touché
que je fuffe de fes peines & quelque admiration que j'euffe pour
fes charmes rien ne feroit jamais
capable de me f ire manquer à
mon devoir, que je ne m'étois
peut-être engagé que trop avant
pour lui rendre fervice ; que cependant les chofes étant au po'nt
où elles étoient je ne relâcherois
rien de mes foins & que j'acheve-
rois ce que j'avois commencé ;
que fi elle me croyoit, elle devoit
fortir de Londres dès le jour même ; que tout étoit prépaé pour
fon départ , & qu'elle rifqueroit
fans doute beaucoup à demeurer
plus longtems, s'il étoit vrai comme elle me l'avoit dit que fon
mari pût s'appercevoir de fon é-
vafion avant la nuit. Je me levai
enfuite pour fortir de fa chambre
& je lui promis de lui envoyer
dans le moment mon valet qui
étoit un g rçon fidéle, & fur la
prudence duquel elle pourroit fe
répofer entiérement. Elle fit mille

le efforts pour m'arrêter, mais ils
furent inutiles.

Je retournai à l'heure - même
dans Suffolk - ftreet. J'inftruifis
Scoti de tout ce qu'il avoit à faire & je le fis partir avec diligence. La fin du jour s'avançoit & je
ne doutai point qu'ils ne profitaffent
de la nuit pour fortir de Londres. Il
me tardoit d'apprendre leur arrivée à Douvres, d'où j'avois or-
donné à Scoti de m'écrire avant
leur embarquement. Je me mis
au lit, agité de toutes ces inquiétudes. A peine y avois-je été deux
heures qu'on m'éveilla pour me
rendre une lettre qu'on venoit
d'apporter. Je la lus, elle étoit
de Scoti. Il me marquoit qu'il
n'ofoit revenir au logis fans mes
ordres, de peur qu'ayant fait fes
adieux, ce prompt retour ne fit
naître des foubçons; qu'il n'y a-
voit pas néantmoins d'apparence
qu'il fit le voyage de France, puifque la Lady réfufoit abfolument
de partir; qu'elle l'avoit chargé
de me faire fçavoir qu'elle avoit

des

des chofes d'importance à me
communiquer le lendemain au
matin & qu'il faloit abfolument
que je me rendiffe au lieu où elle étoit, ne fût-ce que pour l'empêcher de fe livrer à quelque ex-
travagance. Ce fut alors que j'ouvris les yeux fur la faute que j'a-
vois commife en m'engageant fi
inconfiderément dans une affaire
de cette nature. Cependant voyant
encore plus de danger à la laiffer
imparfaite qu'il n'y en avoit eû à
l'entreprendre, j'emploiai toutes
les forces de mon efprit à me tirer d'un pas fi difficile. Si j'euffe
eu moins d'honneur j'aurois fans
doute abandonné Mylady R.....
à fa mauvaife conduite ; il ne s'é-
toit rien paffé qui pût me commettre le moins du monde, &
elle n'auroit pû apporter la moindre preuve que je fuffe entré dans
le deffein de fon évafion : mais ce
lâche procedé me parut indigne
de moi. Je réfolus de continuer
à la fervir par générofité & de
ménager en même tems l'interêt
de ma réputation. Il entroit mê-

me

me dans mes sentimens quelque chose de plus que de la générosi-té & de la pitié : dois - je le dire & le Lecteur me pardonnera-t-il tant de foiblesse ? J'avois été infi-niment attendri des larmes de cet-te charmante personne : ce n'étoit pas de l'amour, la seule pensée m'en eût fait horreur , mais c'é-toit autre chose que de la simple compassion ; ce que je sentois ne peut être défini. Je dois confesser seulement que j'eusse peut-être fait beaucoup moins pour une au-tre personne qui eût été aussi mal-heureuse, mais qui eût été moins aimable. J'allai la voir au point du jour. Je la trouvai assise sur une chaise où elle avoit passé la nuit. Elle me dit, vous êtes donc ré-solu, Monsieur, de me laisser pé-rir ; helas ? Est-ce ainsi que vous satisfaites à votre honneur & que vous répondez à mon estime ! Vous ne connoissez pas mon cœur ; peut-être vous paroîtroit - il digne du votre. Mais, enfin , si votre parti est pris de résister à mes prié-res , je vous déclare que le mien

est

est de renoncer à la vie. Je vous
charge du crime de ma mort, puisqu'il dépend de vous de l'empêcher. Pourquoi, lui répondis-je,
renonceriez-vous à la vie ? Qui
vous empêche, Madame, de vous
en faire une des plus douces &
des plus heureuses. Passez en France puisque vous l'avez souhaité ?
Si vous êtes effrayée d'aller dans
un Royaume inconnu , je vous
offre des recommand tions qui
vous y feront recevoir agréablement. Je ferai plus , je vous procu-
rerai une retraite où vous pourrez
vivre avec toute la tranquilité que
vous désirerez. Ce sera dans la
maison de ma fille. Vous lui
trouverez assez de mérite pour la
juger digne de votre amitié. J'aurai l'honneur de vous y revoir
lorsque je quitterai ce païs , &
j'acheverai alors de contribuer de
tout mon pouvoir à votre bonheur. Je ne vous demande que
la précaution de déguiser votre
nom & votre infortune pendant que
vous serez chez elle. Nous la
mettrons seule dans le secret, &
elle

elle ne se servira de cette connoissance que pour vous rendre tous
les respects qui sont dûs à votre
qualité & à votre mérite.

Ce projet plût admirablement à
Mylady R...... elle m'en remer-
cia dans les termes les plus vifs &
elle me protesta qu'elle étoit prête à l'executer : mais ne pourriez-
vous pas, me dit-elle, me faire
la faveur toute entiére en prenant
vous-même le soin de me conduire en France ! Je lui fis voir l'im-
possibilité de cette proposition. Scoti est un garçon sage, lui dis-je,
fiez-vous entiérement à lui. Je
vous répons de sa discretion, il
vous conduira jusqu'à la terre de
ma fille, & vous remettra entre
ses mains. Je suis plus charmée de
vos bontez que je ne le puis dire,
reprit cette pauvre Dame avec un
transport de joye, je brûle d'envie d'être avec votre fille, je
l'adorerai parce qu'elle vous appartient & j'attendrai avec impatience votre retour pour vous exprimer sans contrainte les sentimens que j'ai pour vous. Peut-

Tom. V.   C   être

être avez-vous soubçonné quelque artifice & les avez-vous attribué à la néceſſité de ma fortune, mais vous connoitrez alors s'ils étoient ſinceres. La voyant déterminée à partir je fis entrer Scoti, à qui je donnai en ſa préſence tous les ordres néceſſaires. Elle quitta ſes habits pour ſe revêtir de la livrée du Marquis. Sa figure étoit ſi charmante en cet équipage qu'il falloit être plus ou moins qu'homme pour n'en être pas émû. Nous la noircîmes un peu pour cacher l'éclat de ſon teint. Je ne pûs me défendre de baiſer ſes belles mains, qu'elle jetta auſſi-tôt autour de mon cou pour m'embraſſer, en m'appellant l'auteur de ſa vie & ſon cher liberateur. Je la conduiſis enſuite dans un caroſſe de loüage juſqu'au bord de la riviére, où je la mis avec Scoti dans une barque qui devoit les porter à Graveſend. Elle me dit à l'oreille en me quittant; je pars, mon cher Monſieur, mais c'eſt avec l'eſperance de vous revoir. Je vous engage ma foi devant

vant Dieu que si je suis assez heureuse pour survivre à mon mons-
tre d'époux, je serai votre femme
quand vous y voudrez consentir.
Ne me parlez point de la différence de nos âges ; l'amour & la
reconnoissance rendront tout égal.
Je ne répondis que par une profonde révérence, mais j'avouë que
son départ me laissa un chagrin
secret dans le cœur.

Je ne lui avois point donné de
lettre pour ma fille, dans la crainte de m'exposer trop si quelque
malheur la faisoit découvrir. J'é-
crivis par la poste.

Mr. L'Ambassadeur que je vis
le même jour souhaita d'être informé de toutes les circonstances
de cette histoire. Je les lui racon-
tai avec plaisir, ne lui cachant rien
que le lieu de la retraite. Il me
pressa là-dessus d'une maniere à
me faire comprendre, non seulement que cette belle Dame ne lui
étoit pas indifférente, mais qu'il
avoit quelque jalousie du service
important que je lui avois rendu,
Nous convinmes d'attendre en si-

                    lence

lence l'effet que produiroit sa fuite
& d'en parler toujours en personnes desinteressées. Cette nouvelle
ne tarda point à devenir publique.
Mylord R.... affecta de donner des
marques d'une extréme douleur.
On ne lui fit point la grace de
croire qu'elle fût sincere. La conduite qu'il avoit tenuë à l'égard
d'une épouse si charmante n'avoit
pas donné une bonne idée de son
caractére, ni des sentimens qu'il
avoit pour elle. La suite de cette
avanture se dévelopera avant la fin
de ces Mémoires.

J'avois passé les huits premiers
jours avec tant d'inquiétude, que
j'avois été capable de peu d'attention pour ce qui se faisoit à Londres. Il y étoit arrivé de grands
changemens : la Cour qui étoit entiérement Whig persecutoit les
Toris avec animosité. Le Comte
de Nottingham fut dépouillé de
ses charges & relegué dans ses
terres avec le Comte d'Ailesfort
son frere, Mylord Finch & Mylord Guernsey ses deux fils, qui
possedoient aussi des emplois con-
siderables

fiderables, fur la feule accufation d'être Toris, & pour avoir fait des difcours au Parlement qui étoient trop favorables aux Lords condannmez à mort. Mylord Portmore, le Comte d'Orkney & le Lord Winfor eurent le même fort. Le Chevalier Roger Moftings qui commandoit la quatriéme Compagnie des Gardes du corps Ecoffois, fut enveloppé auffi dans la même disgrace. Ce Chevalier étoit un des hommes de l'Europe les mieux faits & de l'efprit le plus agréable. Nous avions fait une liaifon particuliére avec lui chez le Duc de Dewonshire, où nous nous étions rencontrez à dîner & lui-même nous étant venu rendre vifite à notre logis, nous avions depuis cultivé fa connoiffance. Il étoit amoureux d'une célèbre Comedienne, qui s'appelloit Madame Oldfield; toute l'indifférence qu'elle lui marquoit n'avoit pû le guérir de fa paffion, de forte qu'étant à fouper avec nous lorfqu'il apprit la nouvelle de fa disgrace & de fon exil, toute fon attention

C 3

tour-

tourna d'abord fur fon amante
qu'il fe voyoit obligé d'abandonner. Nous le vimes pleurer de tendreffe & de douleur. Le délai étoit
court, il avoit ordre de fe rendre
dès le lendemain dans fes terres.
Ne voyant point d'autre reffource
pour fon amour que de propofer
à Madame Oldfield de l'époufer,
il prit cette étrange réfolution en
notre préfence & nous quitta pour
l'aller executer. Elle ne lui pro-
duifit qu'un refus mortifiant. Nous
en fçûmes la caufe quelques jours
après. Cette Comedienne étoit aimée du Brigadier Churchill, frere
ou neveu du feu Duc de Marl-
boroug & Gouverneur de Plymouth : Elle vivoit avec lui comme fon époufe, elle en avoit même quelques enfans qu'il avoit
fait baptifer fous fon propre nom.
Mais ce qui eft furprenant c'eft
que malgré le defordre de fa conduite, elle étoit vûë avec plaifir
dans les meilleures compagnies de
Londres. Les Dames de la plus
haute diftinction fe faifoient un
honneur de l'avoir entretenuë, &
j'ai

j'ai vû plusieurs fois des Duchesses & d'autres personnes du premier rang l'appeller dans leurs loges après la Comedie & s'empresser pour jouïr de sa conversation. Il faut convenir en effet que c'est une fille incomparable. Elle m'a fait aimer le théatre Anglois pour lequel j'avois d'abord fort peu de goût. Charmé du son de sa voix, de sa figure, & de toute son action, je me pressai d'apprendre assez d'Anglois pour l'entendre & je ne manquai guére après cela d'assister aux piéces où elle paroissoit. Le Marquis se mit en fort peu de tems en état de goûter le même plaisir. Nous lisions la piéce qui devoit se réprésenter, avant que d'aller au théatre, de sorte qu'avec la connoissance mediocre que nous avions de la Langue il ne nous échapoit presque rien de la déclamation. Les Anglois sont passionez pour le spectacle, & je ne sçai si la France pourroit fournir autant d'ouvrages en ce genre que l'Angleterre. Il est vrai qu'ils ne sont pas tous d'une

C 4

égale

égale valeur. Cependant j'ai vû
plufieurs de leurs piéces de théatre qui m'ont paru ne le ceder ni
aux Grecques ni aux Françoifes.
J'ofe dire n ême qu'elles les fur-
pafferoient fi leurs Poëtes y mettoient un peu plus de regularité :
mais pour la beauté des fentimens,
foit tendres, foit fublimes ; pour
cette force tragique qui remue le
fond du cœur & qui excite infailliblement les paffions dans l'ame
la plus endormie ; pour l'énergie
des expreffions, & pour l'art de
conduire les évenemens, & de
ménager les fituations, je n'ai rien
lû ni en Grec ni en François qui
l'emporte fur le théatre d'Angleterre. Le Hamlet de Shakespeat,
le Dom Sebaftien de Dryden, l'Or-
phan & la confpiration de Venife
d'Otway, plufieurs piéces de Con-
grew, de Farghar &c. font des
Tragedies excellentes où l'on
trouve mille beautez réünies.

Il y en a quelques-unes qui font
un peu défigurées par un mêlan-
ge de bouffonneries indignes du
Cothurne ; mais c'eft un défaut
que

que les Anglois ont reconnu eux-
mêmes & dont ils ont commencé
à se corriger. Ils ne réussissent
pas moins dans le genre comique.
A la regularité près je doute qu'on
puisse trouver en aucun païs rien
de plus agréable & de plus inge-
nieux que leur *Constant Couple*, leur
Provoked Husband, *le recruiting offi-
cier*, le *Carelets husband*, *the Way of
the World &c.* qui font des ouvrages de leurs meilleurs Auteurs, à
la représentation desquels j'ai
goûté une satisfaction infinie. La
déclamation de leurs acteurs paroit d'abord dure & bizarre aux
Etrangers : mais on n'est pas longtems à s'y accoûtumer & l'on
trouve à la fin qu'ils atteignent au
vrai & au naturel.

Pour ce qui regarde les autres
especes de poësies, il y a peu de
nations qui en produisent un si
grand nombre & tant de differentes sortes. Je ne parle point de
Milton & de Spencer, dont les
grands noms sont connûs par tout
où l'on connoit les belles Lettres :
ces deux célèbres poëtes ont été

C 5 suivis

suivis de quantité d'autres qui ne font inferieurs en rien aux meilleurs poëtes de tous les tems; un *Prior*, un *Addisson*, un *Thomson* &c. noms cheris des Mufes & admirez de ceux qui connoiffent le prix de leurs ouvrages. Le goût de la poëfie eft fi univerfellement répandu en Angleterre, que rien n'eft fi commun que de s'écrire en vers. J'y ai même connu un grand nombre de Dames, qui fans affecter la réputation de bel efprit ni de fçavantes, en compofoient de tems en tems de fort jolis avec beaucoup de facilité. Ce tour d'imagination joint aux autres attraits de ces charmantes infulaires en fait les plus aimables, & fi je puis le dire fans les offençer, les plus dangereufes perfonnes du monde. L'occafion ne me manquera pas dans la fuite de m'étendre fur leur article, je protefte que je leur rendrai juftice avec la même fincerité que j'ai fuivie par tout dans ces Mémoires.

Je reviens à la fituation des affaires publiques qui nous obligeoient

geoient de veiller sur nos démarches avec beaucoup de précautions. Quoiqu'il n'y eût pas d'apparence que le Marquis ni moi
pussions devenir suspects au Gouvernement, Mr. l'Ambassadeur me
fit la grace de m'avertir que nous
ferions sagement d'éviter un commerce trop particulier avec les
Toris déclarez. Le Roi n'avoit
point ignoré notre liaison avec Sir
Roger Mostings. Un jour que nous
avions eu l'honnneur de lui faire
la revérence il demanda en riant
au Marquis, s'il étoit Whig ou
Toris. Je suis, répondit agréablement le Marquis, le très-obeissant
serviteur de Votre Majesté, & prêt
à prendre tous les noms qui pourront s'accorder avec cette glorieuse qualité. Je vous suis obligé, reprit le Roi, je souhaiterois
que Votre ami Sir Roger fût aussi
bien disposé. Nous vimes ce jour-
là à la Cour le Duc d'Argile qui
apportoit à Sa Majesté la soumis-
sion des Comtes de Marshal & de
Southesk & de divers autres chefs
des rebelles qui la lui avoient en-

C 6

voyée

voyée par écrit. On publioit qu'il
y avoit encore en Ecoffe trente
mille hommes en armes pour le
fervice du Prétendant, à la tête desquels étoit le Duc d'Athol ; mais
comme la plûpart de ces troupes
n'étoient compofées que de Mon-
tagnards fans ordre & fans difci-
pline, on fe promettoit de les re-
duire à bon marché. La Cour étoit
plus occupée du procès du Comte d'Oxford qui fe pourfuivoit avec
vigueur au Parlement. Ses amis
publioient néantmoins que ce n'é-
toit qu'une feinte, & pour piquer
le Roi d'honneur & de reconnoif-
fance ils fe tuoient de repeter
qu'il n'y avoit pas d'apparence
que Sa M. voulût perdre un Seigneur qui avoit rendu des fervices
fi confiderables à la maifon d'Ha-
nover. Le Duc de Buckingham
paroiffoit folliciter le plus vivement en fa faveur, cependant tout
ce qu'il faifoit n'étoit que grima-
ce & artifice. Je ne fçai qu'elles
étoient fes vûës, mais je lui ai
entendu dire, étant à dîner chez
lui avec le Marquis, qu'on faifoit
trop

trop de grace à des rebelles en laissant durer si longtems leur procès ; que le châtiment ne devoit pas être incertain pour un crime averé, & que Sa M. en les faisant executer promptement, se seroit épargné l'importunité des sollicitations & à quantité de gens la peine de les faire, Ciel! dis-je au Marquis, lorsque nous nous fumes retirez, quel païs que la Cour!

Qu'avec peu de regret on y trahit sa foi!
Quel séjour étranger & pour vous & pour moi.

Croyez-vous, mon cher Marquis, continuai-je en riant, que vous soiez jamais bien propre à ce petit systéme de trahison & de mauvaise foy? vous sentez-vous quelque disposition à flatter au dehors & à nuire en secret, à feindre de servir ceux que vous voudriez perdre? voilà ce qu'un habile courtisan doit mettre continuellement en pratique! Voilà le genre de vie auquel vous étes destiné. Lorsque vous exercerez

quel-

quelque jour cette fublime politi-
que, je m'imagine que vous ri-
rez bien de la fimplicité de mes
confeils, dont le but a toujours
été de vous infpirer de l'amour
pour la Verité, de l'horreur pour
le moindre artifice, & ce goût an-
tique d'honneur & de vertu que
ni les efperances ni les craintes
n'altérent jamais. Ces grandes
qualitez de l'ame qui faifoient autrefois l'honnête homme & le
héros, on en fait aujourd'hui
des vertus de Roman. Qui ofe-
roit, par exemple, fe piquer de
fidelité pour un ami, fi fa fortune couroit le moindre rifque à
lui paroître attaché. C'eft, dit-
on, le métier d'un Courtifan, de
fçavoir flechir, approuver, flatter,
diffimuler comme c'eft celui d'un
Marchand qui cherche à s'enrichir fur mer de fe faire aux agitations & à l'inconftance de cet
Element. Pourquoi auroit-on
plus de droiture, plus de fidelité
plus de desintereffement que ceux
avec qui l'on vit? On feroit donc
expofé continuellement à être
leur

leur dupe ? on auroit le fein ouvert à tous leurs coups ? on ne
pourroit jamais fe deffendre avec
des armes égales ? tels font mon
cher Marquis , les principes du
plus grand nombre des courtifans;
tels feront peut-être un jour les
vôtres. Je prie le Ciel , me répondit le Marquis , de rendre faux
votre préfage. Je connois même
affez le fond de mon ame pour
m'affeurer qu'il le fera. Il eft difficile qu'on prenne jamais du goût
pour ce qui fait horreur jufqu'à
un certain point. Cependant je
conçois, ajouta-t-il que la plûpart des courtifans étant dans ces
miferables principes , un honnête
homme qui eft obligé de vivre
avec eux & qui voudroit fe conduire par d'autres régles , joüe
un perfonnage fort embaraffant.
Quel moien d'être fans ceffe en
commerce avec les mêmes perfonnes , & de fe foutenir dans une
oppofition continuelle à leurs
maximes ? C'eft fur cela que j'a-
vois befoin de vos confeils , &
d'une régle conftante qui pût me

fervir

fervir de direction toute ma vie.
Celle que j'ai à vous propofer,
lui repliquai-je eft d'un ufge
facile. Elle confifte à vous déclarer le premier jour tel que
vous voulez toujours être. Votre caractére étant une fois éta-
bli, la honte même de le changer vous fervira de deffenfe contre la contagion de i'exemple. Les
Courtifans corrompus qui compo-
fent le plus grand nombre vous
regarderont d'abord avec étonnement. Ils feront furpris de voir au
milieu d'eux des vertus qu'ils ne
connoiffent point, ils r'ront peut-
être du prodige, mais s'ils vous
voient ferme à les pratiquer, ils
reviendront de ce premier fentiment & leur furprife fe changera
en adm'ration. Ils commence-
ront à vous refpecter, ils en vien-
dront même à vous craindre; car
tel eft le pouvoir de la vertu de
fe rendre redoutable au vice.
Vous acquererez ainfi naturellement & fans paroitre y prétendre,
cette fuperiorité qui fait méprifer
l'envie & toutes les attaques im-
puis-

puissantes de l'artifice. Soyez même assuré que l'estime & la confiance deviendront à la fin le fruit de votre sagesse. Il vous arrivera ce que l'on a vû sous le dernier regne dans la personne de Monsieur le Duc de Montausier, qui au milieu de la Cour la plus corrompuë qui fut jamais, sçut parvenir aux honneurs & aux distinctions par le chemin de la vertu, & s'attirer l'hommage du vice dans le tems même qu'il le condamnoit hautement par sa conduite & par ses maximes. Après une longue conversation sur cette matiére le Marquis me demanda, si je n'avois point reçû des lettres de de France par les derniers ordinaires. Je lui répondis froidement, non. Il me dit qu'il étoit surpris que ma fille qui paroissoit m'aimer si tendrement demeurât si longtems à m'écrire. Elle m'écrira sans doute, repartis-je, elle fera réponse à la lettre par laquelle je lui ai marqué notre adresse. Je m'attendois qu'il alloit tomber sur Memiscès, mais

il

il ne lui échapa point un seul
mot sur son sujet. Il devint rêveur & je m'appercevois par les
regards qu'il jettoit quelquefois sur
moi, qu'il craignoit que je ne dé-
vinasse la cause de sa rêverie. Vous
étes extrémement mélancolique,
lui dis-je, qu'est devenuë cette
humeur gaïe que je vous croiois
si naturelle ? est-ce toujours le
Souvenir de Dona Diana qui
vous occupe ? Non, repartit-il;
je suis devenu un peu plus tranquille de ce côté-là ; & quoique
je ne puisse jamais penser à elle
sans amour & sans douleur, je
me suis fait assez de violence pour
diminuer quelque chose du trouble où j'étois. Nous vivons trop
en Philosophes, repris-je, nous ne
prenons point assez de plaisirs;
je suis d'avis que nous allions ce
soir à la Masquarade de Haymar-
ket. Nous y verrons les plus
belles Dames d'Angleterre. Il y
consentit. Nous envoyames demander à Mylord Clifton qui étoit
un jeune Seigneur de nos amis,
s'il vouloit être de cette partie.

Il

Il nous fit répondre qu'il s'étoit
déja engagé pour le même dessein
avec des Dames, mais que si
nous voulions être de sa bande,
on nous y recevroit avec plaisir.
Il nous marquoit la maison de
Mylady Portmore où nous nous
masquerions tous ensemble. Nous
ne manquâmes point d'y aller le
soir à dix heures ; nous y trouvames une fort belle assemblée. On
fit venir quantité d'habits, &
chacun se déguisa selon son
goût. Comme nous nous étions
dépouillez de nos just'au corps &
qu'ils étoient de côté & d'autre
sur diverses chaises, la vûë de celui du Marquis que j'apperçus
auprès du mien, me fit naitre
une envie qui auroit été une in-
discretion malhonnête dans tout
autre que moi, & j'ajoute dans
moi-même si je l'eusse formée
avec d'autres intentions. Ce fut
de mettre la main dans ses poches
pour chercher s'il ne s'y trouveroit
point quelque papier, qui pût m'e-
clairir d'avantage sur son commerce avec ma niéce. Je ne fais point
dif-

difficulté de m'accufer ici de cette
action, parceque je la lui ai con-
feffée depuis & qu'il a eu la bonté de l'approuver. Mon esperance ne fut point trompée. Je trouvai deux lettres où je n'eus point
de peine à reconnoitre le caractére de ma niéce. Je les pris a-
droitement, remettant à les lire
à la fale de la Masquarade.
Nous nous y rendimes auffitôt
dans des chaifes à porteurs qui
font plus en ufage à Londres
qu'en nul autre endroit du monde. Le fpectacle me parut enchan-
té. Je ne parle point de la multitude des masques & de l'air galant
de leurs habits. Nos Affemblées
de Paris valent bien de ce côté-
là celles d'Angleterre, mais la
difpofition de la fale où fe donne
ce divertiffement eft une des plus
belles chofes du monde. Tout
eft de l'invention du fameux Mr.
Heydegger, le frere du Médecin
du même nom dont les remedes
ont fait tant de bruit à Paris.
Nous vimes Mr. Heydegger. C'eft
un homme extraodinairement laid,

mais

mais qui a le talent d'embellir tout ce qu'il fait, & qui n'eut jamais son égal dans l'art d'imaginer & de vendre les plaisirs. Cette rare qualité lui a mérité le nom de Surintendant des plaisirs d'Angleterre; Titre dont on dit qu'il se fait honneur & qu'il aime à voir sur les lettres qu'on lui écrit. Il a gagné des biens considerables dans cette plaisante espece de commerce. Cela ne paroitra pas difficile à croire si l'on considere, qu'outre l'Opera Italien dont il est le Directeur & dont il tire de grands profits, il n'y a point de de fête extraordinaire à Londres, dont il n'entreprenne de se charger, & l'on sçait combien les Seigneurs Anglois sont liberaux dans tout ce qui touche leurs plaisirs. On m'a dit qu'une seule Masquarade rapporte à Mr. Heydegger plus de deux mille guinées, car le prix est d'une guinée p r personne & il ne s'y en trouve pas ordinairement moins de deux mille. Il est vrai qu'on donne en abondance & sans rien payer toutes sor-

tes

tes de vins , de fruits , de confitures
& de rafraichiffemens. Mais cette
dépenfe eft legere en comparaifon
du profit. On jouë auffi dans
ce lieu de délices , il y a des fa-
les deftinées pour cela. Il y en
a d'autres où l'on peut fe retirer
pour être tranquille lors qu'on
eft las de la danfe & du bruit de
la multitude. Enfin tout y eft
d'un ordre & d'un goût admirable.

Mylord Lincoln qui étoit de
notre compagnie eut la complaifance de ne pas s'éloigner de nous
pour nous expliquer tout ce qui
paroiffoit mériter nôtre curiofité.
Il fit paffer en revuë devant nos
yeux la plus grande partie de la
Cour , fur tout les Dames les
plus célebres par leur beauté &
par leurs avantures. Ce feroit
vouloir multiplier ces Mémoires
à l'infini que les raporter toutes ;
mais celle - ci eft trop agréable
pour être omife. Mylord Lincoln ayant vû près de nous une
Dame qui venoit d'ôter fon mafque , car presque tout le monde
l'ôte à la fin , il nous pria doucement

cement de la confiderer avec attention ; & après nous l'avoir laiffée admirer un moment, il nous fit affeoir fur un banc qui étoit à quelques pas de nous. Ecoutez nous dit-il, l'hiftoire du charmant petit vifage que vous venez de voir. Cette Dame s'appelle Mylady Dar . . . . . Elle eft fille d'un braffeur extraordinairement riche qui l'a fait élever avec des foins infinis , dans le deffein de la marier à quelque Seigneur de la Cour. Ce deffein a reuffi , mais par des voyes toutes differentes de celles que le pere fe propofoit. Le Chevalier Richard Walterney, homme connu par fes immenfes richeffes , vit la Dame qui fe nommoit en ce tems la Miff Sally , & étant devenu paffionné pour elle il refolût de tout entreprendre pour la poffeder. Son caractére la rendoit difficile à feduire. Elle avoit été élevée par une mere dévote, qui à force de lui parler de l'autre monde & des tourmens de l'Enfer, avoit tellement rempli fon imagination de

toutes

toutes ces images , que fa plus grande fatisfaction étoit d'être feule pour y rêver à loifir. Elle fréquentoit les Eglifes , elle lifoit les livres de pieté , & fi elle fe permettoit quelque converfation avec les hommes , c'étoit avec des Miniftres de l'Eglife. Sir Richard Walterney ne fut pas rebuté par des dehors fi difficiles ; comme il étoit homme d'experience il n'eut pas vû deux fois la belle , qu'il connût que fon temperament ne s'accordoit point avec fes maximes , & profitant de cette connoiffance dans les momens qu'elle ne pouvoit refufer de paffer quelquefois avec lui, il devint heureux au grand étonnement de Miff Saly elle-même , qui ne pouvoit comprendre comment elle avoit été capable de fe laiffer vaincre. Cependant après la premiere victoire qui avoit peut-être couté un peu cher à Sir Richard , tout le refte ne fut plus pour lui qu'une fuite de triomphes. Il la vit auffi fouvent qu'il lui plût , & fa paffion n'étant pas diminuée il l'engagea enfin à quitter

ter furtivement la maison de son pere sous prétexte d'éviter sa colere & de cacher sa grossesse. Il l'entretint proprement dans un endroit écarté de la ville. Son bonheur faisoit mille jaloux, car les charmes de Miss Sally croissoient tous les jours & Waterney n'eût pas la discretion de cacher sa retraite à ses amis. Mylord Dar... étoit du nombre, il vit cette belle personne & il prit pour elle cette longue & fatale passion qui l'a forcé à la fin de l'épouser aux dépens de son honneur & de sa fortune. Mais il faut que je vous raconte par quels dégrez il s'est jetté ainsi dans l'infamie.

Sir Richard Waterney, un des hommes d'Angleterre les plus voluptueux, sacrifioit tout à sa passion & faisoit mener une vie délicieuse à Miss Sally. Elle n'avoit plus tant d'horreur pour l'Enfer, & elle étoit si bien reconciliée avec les Démons qu'elle étoit possedée d'une douzaine des plus gros, mais surtout de celui qui préside au plaisir des sens. Ses

 desirs

defirs étoient peut-être mal fatis-
faits par Sir Richard qui commençoit à être fur le retour de l'âge
& qui étoit d'ailleurs ufé par la
débauche. Soit par cette raifon,
foit par le feul amour de la varieté,
elle laiffa comprendre à quelques-
uns des amis de Waterney qu'ils
la trouveroient de facile compofi-
tion. Mylord fut d'un des premiers favorifez : elle lui découvrit
tant de charmes qu'étant naturellement jaloux il ne put fe réfou-
dre à les partager avec fon premier amant. Elle rejetta pourtant
la propofition qu'il lui fit d'abandonner Sir Richard, & elle le pria
de fe contenter de ce qu'elle faifoit en fa faveur : mais lui qui eft
le plus violent de tous les hommes, trouva le moyen de faire une
quérelle au pauvre Waterney, &
l'ayant conduit à l'écart il le per-
ça de deux ou trois coups d'épée.
Les héritiers du mort ne penfe-
rent qu'à recueillir fes richeffes,
fans s'embarraffer beaucoup du foin
de le venger ; de forte que Mylord Dar .... fe crut feul & tranquille

quille posseſſeur de la belle Miſſ Sally. Il comptoit ſans l'avoir conſultée. Cette inconſtante fille n'eût pas plutôt reconnû qu'il prétendoit faire le tyran, qu'elle l'exclut entiérement de ſes faveurs & de ſa préſence. Ce ne fut pas pour mener une vie plus réglée. Elle eut ſucceſſivement deux ou trois autres amans pour ſe conſoler de ſes pertes. Mylord Dar... ſe conſumoit pendant ce tems-là de triſteſſe & d'amour. Il fit mille efforts inutiles pour ſe faire pardonner de ſon ingrate ; elle le rebutoit avec rigueur & tout lui en étoit devenu odieux juſqu'à ſon nom ; cependant ne pouvant vivre ſans elle, il ſe réſolut à l'épouſer ſi elle vouloit le recevoir à ce prix. La propoſition en fut faite dans les formes, & tout Londres ne tarda point d'en être informé ; on le ſut auſſi bientôt que cette fille capricieuſe avoit rejetté ſes offres avec hauteur & avec dédain. Mylord Dar.... ne fut pas ſi ſenſible à ce refus parce qu'il le couvroit de honte, que par le déſeſpoir où il

re-

reduifoit fon amour. Je lui ai entendu dire que fa réfolution étoit
prife d'aller poignarder en plein
jour fon inhumaine & de fe per-
cer auffitôt le cœur du même
poignard. Je fuis certain continua
le Comte de Lincoln, qu'il l'auroit exécutée, fi fa fituation n'eût
pas changé tout d'un coup par une
des plus bizarres avantures du monde. Il avoit un Valet de chambre
qui étoit plein d'efprit & de vivacité, & qui étoit devenu comme
il eft affez ordinaire, l'intime con-
fident de fon maître. Ce garçon
l'avoit entendu parler de la maniére dont Mifs Sally avoit été élevée & du penchant qu'elle avoit
eu à la dévotion, il forma là-
deffus un plan des plus ridicules,
mais qui ne laiffa pas de réuffir
dans l'exécution. Il acheta d'a-
bord des héritiers de Sir Richard
Waterney un de fes portraits au
naturel, d'après lequel il fit faire
un mafque parfaitement reffem-
blant. J'ai vû ce mafque, nous
dit le Comte, on l'auroit pris pour
le vifage même de Sir Richard. Il
en-

engagea enfuite fon maitre à fa-
crifier à fon deffein un fomme
d'argent confiderable, pour gagner
la fille qui fervoit Miff Sally. Il
ne falut point de longues négo-
ciations pour cela. Il fçut de cette fille qui étoit l'amant favorifé,
il inventa un artifice pour le tenir
occupé ailleurs, pendant toute la
nuit où devoit s'executer fon projet. Il lui fit tenir le foir de la
part du Secretaire d'Etat, une lettre
fuppofée qui l'appelloit à Windfor
où étoit la Cour. Il fe munit après
cela d'une groffe lanterne fourde
dont le verre étoit extrémement
large & brillant, & l'ayant mife
dans fa poche avec fon mafque.
Il fe rendit à la maifon qu'occupoit Miff Sally & il exigea de la
fuivante de le cacher dans quelque coin jufqu'à ce que fa maitreffe fe fut mife au lit. Miff Sally
fe coucha affez tard après avoir
attendu longtems fon amant : car
j'ai oublié de dire que quoiqu'il
lui eût écrit qu'il ne pouvoit paffer
la nuit avec elle, le valet de Mylord Dar . . . . avoit eû l'adreffe
D 3

d'ind'intercepter sa lettre & de faire dire seulement à la belle que son amant ne pouvoit venir que très-tard. Elle étoit donc au lit & déja presque endormie, lorsque cet adroit garçon ouvrit la porte de sa chambre & s'approcha d'elle dans l'obscurité. Le bruit qu'il fit la reveilla. Elle s'imagina que c'étoit son amant : vous venez bien tard, dit-elle, vous êtes extrémement refroidi pour moi. Non, Madame, répondit l'autre d'une voix moderée, je ne suis pas refroidi pour vous & je viens vous en donner une preuve certaine. L'affreux desordre de votre vie touche ma compassion. Helas pourquoi vous ai-je seduite ! C'est moi qui suis coupable de tous vos crimes. J'en suis horriblement puni, & mon châtiment sera éternel. L'Enfer est ouvert aussi sous vos pieds, tous les Demons vous regardent comme leur proye. Tremblez, vous êtes prête à périr; ou plutôt réparez le passé par une vie plus sage. Profitez de la foiblesse de Mylord Dar.... qui veut bien

vous

vous épouſer. C'eſt le ſeul moyen
de vous arracher aux ſupplices
horribles que je. ſouffre. En fi-
niſſant ces mots que Miſſ Sally
avoit peine d'abord à prendre pour
autre choſe qu'une raillerie de ſon
amant, il lui fit voir à la faveur
de ſa lanterne qu'il tira tout d'un
coup de ſa poche, la figure naturelle de Sir Richard Waterney ou
plutôt le maſque qui le repreſen-
toit & dont il s'étoit couvert le viſage : il la regarda quelque tems
avec des yeux fixes & étincelans.
Son effroi fut tel qu'elle n'eut pas
même la force de crier. Elle tom-
ba dans un long évanouiſſement,
dont le Valet profita pour ſortir
de la maiſon, & pour aller raconter le ſuccès de ſon entrepriſe à
ſon maitre. Miſſ Sally devint ſi
traitable, qu'elle fit dire vingt-
quatre heures après à Mylord
Dar.... que s'il conſervoit encore quelque bonté pour elle il
recevroit toutes les marques qu'il
pouvoit deſirer de ſa gratitude. Il
l'a épouſée ſans balancer, & il
vit encore en aſſez bonne intelli-

D 4

gence

gence avec elle. Le Comte nous raconta cette hiſtoire avec plus d'agrément que je ne l'ai ici repe- tée. Nous rentrames enſuite dans la foule des maſques. Il me fit remarquer le Roi & le Prince qui venoïent d'arriver. Leur habille- ment étoit ſemblable à quantité d'autres : mais le reſpect de ceux qui les accompagnoient les faiſoit reconnoitre. Il arriva à ce Monar- que une petite avanture, qui fit beaucoup d'honneur à ſa bonté & à ſa préſence d'eſprit. Une Dame maſquée, dont on ne pût ſavoir le nom, s'approcha de lui en af- fectant de ne le pas connoitre ; elle l'invita à aller prendre quelque rafraichiſſement au buffet. Il y alla ſane ſe faire preſſer. Lorsqu'il eut le verre en main, cette Dame lui dit, Maſque, c'eſt à la ſanté du Prétendant. Il répondit ſur le champ & du ton le plus civil. Je bois de tout mon cœur à la ſanté de tous les Princes malheureux. Il but enſuite en détournant le vi- ſage pour n'être point apperçu. Comme perſonne n'ignoroit que

c'étoit

c'étoit lui, cette réponse fut ré-
panduë en un moment de tous
côtez, & la Salle retentit d'ap-
plaudissemens. Il ne dansa point,
le Prince fit de même ; mais ils
paroissoient tous deux fort attachez
au plaisir de voir danser. Effective-
vement la maniere de danser des
Anglois est fort agréable. Ils com-
mençent ordinairement leurs bals
par des menuets, & puis viennent
les contredances du païs. Ils se joi-
gnent sur deux lignes quinze ou
vingt-hommes avec autant de Dames ; ils pourroient être en plus
grand nombre si les Salles étoient
plus grandes, & sans la moindre
confusion : ils tournent, sautent, &
se croisent en mille façons. Les
airs sont d'une vivacité qui émeut
l'ame. Les Dames sont les plus
intrepides danseuses que j'aye vûës
de ma vie. Elles ne paroissent point
se lasser quoiqu'elles soient dans
un mouvement continuel pendant
quatre ou cinq heures consecuti-
ves. C'est-là qu'elles font bril-
ler tous leurs appas ; leurs tailles
ont quelque chose de si remarqua-

ble

ble qu'elles frappent un étranger
d'admiration ; & cet avantage eſt ſi
commun parmi elles , qu'on a peine à diſtinguer celles qui le poſſe-
dent au plus haut degré.   Leur
teint , & leur yeux , ſont des choſes
raviſſantes.   Une femme eſtimée
belle en Angleterre eſt une créature toute divine. Si je n'étois pas
né François j'en parlerois avec
plus de reſerve , pour n'être pas
accuſé de flatterie. Mais on ſçait
combien nous ſommes prévenus
en faveur de nos Dames , de ſorte que mes éloges ne doivent point
être ſuſpects.

Il étoit environ quatre heures
du matin lorſque les Dames de
notre compagnie propoſerent de
ſe retirer. Je n'avois pû trouver
un moment pour lire les lettres
de ma niéce, j'en ménageai un avant
que de ſortir. Elles étoient aſſez
tendres pour une petite perſonne
de ſon âge. Le ſtile François étoit
un peu Turc , c'eſt-à-dire qu'il ne
s'accordoit pas parfaitement avec
les régles de la Grammaire : à cela près tout y étoit fort meſuré ,

&

& sentoit la pudeur d'une bonne éducation. Elle avoit même eû soin de se signer du nom de Memiscès, apparemment dans la vûë de tromper les envieux pour qui ses lettres n'étoient pas destinées. L'une étoit adressée au Marquis à Calais, en réponse à une des siennes, qu'il lui avoit écrites quatre heures après l'avoir quitée. Il avoit reçû l'autre à Londres. Je les remis toutes deux dans le lieu où je les avois prises, ne voulant pas qu'il eût le moindre soubçon que son intrigue fût connuë de moi.

Nous emploiâmes les jours suivans à parcourir la ville pour en visiter les curiositez. Nous primes la peine de monter sur le Dôme de l'Eglise de St. Paul, d'où nous pouvions d'un coup d'œil embrasser toute l'étenduë de Londres. C'est une ville immense. Sa longueur qui s'étend au long de la Tamise, surpasse sans contredit celle de toutes les villes connuës. Elle est étroite en plusieurs endroits, ce qui fait douter les Fran-

çois

çois qu'elle foit auffi grande que Paris dans fa totalité. Pour moi qui me pique de juger avec impartialité, j'ai peine à prononcer que Paris foit auffi grand, à moins qu'on ne veuille compter pour une partie de fa grandeur l'extréme hauteur des maifons, qui étant pour la plûpart de fix ou de fept étages, pourroient doubler fon étendue fi on les fuppofoit coupées par le milieu. Les places que les Anglois appellent *fquares*, c'eft-à-dire les quarrez, font belles & en grand nombre à Londres. Lincoln's Jan field, St. James fquare, Soho fquare & quantité d'autres valent bien nos places de Vendôme, des victoires, & la place Royale, excepté peut-être que les Edifices n'en font pas fi magnifiques. Les hôtels des Seigneurs ne font pas non plus fi fuperbes qu'à Paris. Le Palais de St. James où le Roi & la famille Royale font leur féjour ordinaire, eft une maifon fort fimple & qui ne répond point à la Majefté d'un fi grand Prince. Le jardin ou plutôt le parc eft un

grand

grand quarré irregulier qui eſt environné d'allées d'arbres, ſans autre
ornement que ceux qu'il reçoit
de la nature. Il eſt partagé par
un large & long Canal. On y voit
en tous tems un grand nombre
d'oyes & de canards dont Mr. de
St. Evremont avoit autrefois la
ſurintendance ſous le titre de Gouverneur des Canards de St. James.
Cet emploi comique qu'il avoit
demandé lui-même en plaiſantant
lui valoit dit-on cent guinées.
J'eus la curioſité de voir la maiſon où demeuroit ce grand homme : elle étoit dans le Pall-mall
qui eſt une grande ruë voiſine du
Palais. On me dit qu'il étoit extrémement mal-propre, ce qui le
mettoit ſans ceſſe en quérelle avec
ſon hôteſſe, à qui il ne vouloit pas
laiſſer la liberté de laver & de netoyer ſon appartement auſſi ſouvent que les Anglois aiment à le
faire. Il n'étoit pas riche, le fond
de ſon revenu conſiſtoit dans les
préſens de quelques Seigneurs, &
particulierement du Duc de Mon-
tague, qui lui faiſoit une penſion

D 7

d'end'environ deux cens guinées. Mais il étoit obligé à fort peu de dépense, étant reçu volontiers tous les jours aux meilleures tables d'Angleterre, où l'on dit qu'il mangeoit comme quatre. Il a toujours été vû de bon œil à la Cour de Londres, mais sur la fin de sa vie on l'estimoit moins pour ce qu'il étoit que pour ce qu'il avoit été. Sa mort fut tranquille & l'on ne s'apperçut pas qu'elle fût troublée par les frayeurs de la Religion. Quelques momens avant sa derniere heure il fit appeller auprès de son lit un célèbre Ministre, qu'il pria d'un ton fort sérieux de vouloir bien réciter un de ses sermons ou lui tenir quelques discours de pieté, pour le guérir, lui dit-il, d'une cruelle insomnie dont il étoit tourmenté. C'est ainsi que les plus grands hommes s'aveuglent malheureusement dans l'affaire la plus importante, & qu'après avoir fait paroitre un esprit superieur & des lumieres extraordinaires sur des choses indifferentes, ils en manquent pour la seule qui

qui eſt ſolide & néceſſaire, je veux dire l'interêt éternel de leur ame.

Le Parc de St. James ſert de promenade publique à Londres. Il eſt libre à tout le monde de s'y promener, deſorte que c'eſt un ſpectacle bizarre dans les beaux jours que d'y voir toute la fleur de la Nobleſſe & les premieres Dames de la Cour mêlez confuſément avec la plus vile populace. Tel eſt le goût des Anglois, & c'eſt en quoi ils font conſiſter une partie de ce qu'ils appellent leur liberté. Les petits affectent de marquer l'indépendance où ils ſont à l'égard des Grands, & les perſonnes de diſtinction prennent plaiſir à ſe confondre en mille maniéres avec le peuple. Cette diſpoſition d'eſprit auroit quelque choſe de louable, ſi elle n'étoit pas portée à l'excés; mais elle cauſe ſouvent de grands desordres, parce qu'elle autoriſe le peuple à commettre mille inſolences. Qui pourroit s'imaginer, par exemple, que le plus miſerable crocheteur diſputera le pas dans la ruë à un

Mylord,

Mylord, dont il connoit la qualité, & que ſi l'un ou l'autre s'opiniâtre à ne pas ceder, ils ſe battront publiquement à coups de poings, juſqu'à ce que le plus fort demeure le Maitre du pavé? C'eſt ce qui arrive aſſez ſouvent à Londres. J'ay entendu Mylord H.... ſe vanter lui-même d'avoir terraſſé un porteur de Chaiſe, quoiqu'il confeſſât en même tems que c'étoit un vigoureux coquin, qui lui avoit fait ſentir en plus d'un endroit la peſanteur de ſes bras. On m'a fait remarquer dans pluſieurs maiſons de caffé un ou deux Mylords, un Chevalier Baronet, un Cordonnier, un Tailleur, un Marchand de vin & quelques autres gens de même trempe, aſſis tous enſemble autour d'une même table & s'occupant à fumer & à s'entretenir familierement des nouvelles de la Cour & de la ville. Les affaires du Gouvernement ſont l'objet du peuple comme des grands. Chacun a droit d'en parler librement. On condamne, ou approuve, on critique, on déchire, re, on s'emporte en invectives de vive voix & par écrit, sans que le pouvoir superieur ose s'y oppo-ser. Le Roi lui-même n'est pas à couvert de la censure. Les Caf-fez & les autres endroits publics font comme le siége de la liberté Anglicane. On y trouve tous les libelles qui se font pour ou contre le Gouvernement. On a le droit pour deux sols d'en lire une mul-titude & de prendre une tasse de thé ou de caffé. On donne aussi à lire cinq ou six sortes de gazet-tes qui contiennent les nouvelles de l'Europe & particulierement celles de Londres. Ce dernier ar-ticle renferme tout ce qui se passe dans la Ville jusqu'au moindre évenement ; les masques y font toujours nommez de quelque rang qu'ils puissent être, & l'on en rap-porte indifferemment le bon & le mauvais. On y annonce les co-médies, les bals, les concerts, les livres qui sortent de la presse, les remedes des Charlatans, les mai-sons & les terres à louër ou à ven-dre, les banqueroutes, l'état des

Com-

Compagnies de commerce, l'arrivée & le départ des vaisseaux, en un mot tout ce qui peut interesser le public. L'avidité des Anglois est extrême pour toutes ces nouvelles. Elles se répandent de la capitale jusqu'à l'extrémité des Provinces, & l'on ne trouve personne jusqu'au moindre matelot, qui n'employe tous les jours deux sols pour satisfaire sa curiosité.

Outre le Parc de St. James il y a à Londres plusieurs autres jardins pour la promenade publique; Gray's Jun & Lyncoln's Jun sont des lieux agréables, où se trouvent le soir de fort belles compagnies. Les filles de plaisir s'y rencontrent à chaque pas. C'est une chose digne de compassion de voir les plus charmantes créatures du monde abandonnées à cet infame commerce, & venir s'offrir sans pudeur à la lubricité de ceux qui veulent les payer. On dit que le nombre en est incroyable à Londres. Il y a des ruës qui en sont entierement peuplées, & où l'on ne sçauroit passer sans être invité

par

par plusieurs signes ou par des regards lascifs. La plûpart des Seigneurs & presque tous les jeunes gens qui ont du bien en entretiennent dans des maisons particuliéres ; mais lorsque leurs amans viennent à s'en dégoûter , elles sont contraintes de retourner à l'usage du public. Il se trouve parmi ces miserables victimes quantité de filles de bonne maison , qui ont été débauchées par leurs amans & abandonnées ensuite à leur destinée. Ce qui est singulier , c'est que si elles ont été entre les mains d'un homme de qualité , elles ont l'insolence de porter son nom comme si elles en avoient été les épouses, de sorte que rien n'est plus commun que les Comtesses & les Marquises de cette espece. On se persuadera aisément qu'un Jeune homme de la figure du Marquis ne pût éviter les attaques de ces filles effrontées. Il fut sollicité en mille occasions. Je ne rapporterai que celle-ci dont le souvenir me fait rire encore. Nous sortions de la Comédie , &

comme

comme la multitude des carroſſes
empêchoit le notre d'avancer, nous
fûmes obligez d'attendre ſous la
voute qui ſert d'entrée. Il y avoit
pluſieurs autres perſonnes qui é-
toient dans le même cas que nous.
Le Marquis entendit à ſon côté
deux Dames qui ſe plaignoient en
François de ce contretems qui
les arrêtoit. Il leur dit quelques
mots de civilité. L'embarras & la
foule augmentant toujours, nous
reſolûmes pour être plus au large
d'entrer dans un des caffez qui
ſont ſous la voute, & le Marquis
propoſa la même choſe aux deux
Dames. Elles ſe laiſſerent conduire ſans difficulté. Nous fûmes
obligez d'y demeurer environ un
quart d'heure, pendant lequel je
m'amuſai à lire les papiers de nouvelles & le Marquis à entretenir
les deux Angloiſes. L'une des
deux étoit extrémement jolie. Nos
Valets nous avertirent enfin que
le carroſſe étoit à la porte. Nous
primes congé des Dames. Cette
rencontre n'ayant rien eû d'extraordinaire, nous l'oubliâmes en ſor-
tant

tant du lieu ; cependant trois jours après étant à parcourir ensemble les nouvelles de Londres nous y lûmes cet article : ,, si le Gentil-,, homme François qui s'entretint ,, lundi avec une Dame au caffé ,, de. . . . . en sortant de la Co-,, médie, parloit sérieusement & ,, avec des intentions honnêtes, il ,, est prié de se trouver encore ,, demain à la Comédie où il en-,, tendra parler d'elle ". Nous nous mîmes à rire en nous regardant. Seroit-il possible, me dit le Marquis, que ce fût de moi dont il est ici question. Je n'en doute presque point repondis-je, car je m'imagine que vous avez été assès folâtre pour dire à cette jolie personne que vous mouriez d'amour pour elle. Je ne me souviens pas trop bien de ce que je lui dis, re-prit-il ; mais je confesse qu'il peut m'être échapé quelque chose de pareil ; nous retournerons à la Comédie demain, si vous voulez continua-t-il, & nous verrons le denoüement de cette avanture. Comme j'avois dessein de le di-
vertir,

vertir, je ne fis pas le difficile, nous retournâmes en effet. A peine avions-nous été une demie heure dans notre loge, qu'un laquais vint dire au Marquis, Monfieur, la dame que vous favez vous attend avec impatience ; voici l'adreffe du logis où vous la trouverez, & il lui donna une carte fur laquelle étoit cette direction : *Miftreff Oldftead, in Southampton ftreet an Mr. Derbridge a Jewller two pairs of ftairs.* C'eft-à-dire, Madame Oldftead, chez M. Derbridge Jouailler au fecond étage, ruë de Southampton. Ayant lû cette adreffe je n'eus garde de confentir que le Marquis me quittât pour aller déterrer fon avanturiere, non plus de lui offrir de l'y accompagner. Je lui dis de répondre au valet que nous ne pouvions quitter la Comédie, & que fi Madame Oldftead vouloit y venir, nous tacherions de lui ménager une place dans notre loge. Le fecond acte n'étoit pas fini que nous la vimes arriver avec fa compagne. Nous la reçumes honnêtement.

Je

Je m'étois figuré jufqu'alors que ce pouvoit être quelque fille de famille, à qui le Marquis avoit paru affez bien fait pour lui plaire. Je n'eus pas befoin de lui parler long-tems pour connoitre mon erreur, non qu'elle lui propofât rien d'indecent, mais il faut bien moins d'experience que je n'en ai pour découvrir l'artifice de ces créatures. Cependant j'aurois laiffé durer leur entretien jufqu'à la fin de la Comédie, s'il n'eût été troublé fort plaifamment. La plûpart des Spectateurs avoient lû comme nous l'article des nouvelles, qui contenoit l'avis de cette fille au Marquis & le lieu de l'affignation étant la Comédie, l'efperance de découvrir quelque chofe de ce Miftére y avoit amené plufieurs jeunes gens curieux. Le Marquis étant dans les dernieres modes de France, on avoit jugé fans peine à fes habits & à fon air qu'il étoit le gentilhomme aimé. Mais lorfqu'on vit arriver la jeune perfonne qui parut fans doute affez jolie pour être l'heroïne

roïne

roïne du Roman , tous les regards se tournerent sur elle & l'on
se dit à l'oreille ce qu'on en pensoit. Son attention à parler au
Marquis l'empêcha d'abord de le
remarquer , mais ayant jetté les
yeux par hazard sur les assistans
& voyant ceux de tout le monde
attachez sur elle , toute son effron-
terie fut déconcertée. Sa rougeur
confirma une grande partie de
l'Assemblée dans ses soubçons &
l'on ne fit plus que sourire & s'entretenir d'elle en continuant de
la regarder. Enfin ne pouvant
guéres soutenir plus longtems ce
personnage , elle pria le Marquis
de la rejoindre à la maison dont
il avoit l'adresse & elle se leva
pour se retirer. Mais ce fut alors
que les Anglois , qui sont les plus
impitoyables gens du monde à la
Comédie , se mirent à siffler & à faire des huées épouvantables. Le
trouble où elle étoit l'empêcha de
pouvoir ouvrir facilement la porte de la loge , ainsi elle eût le tems
d'entendre le bruit qui se faisoit à
son honneur , & tout le parterre
celui

celui de le redoubler. Je fus incertain si nous ne devions pas nous
retirer aussi , mais les sifflemens
s'étant appaisez après sa sortie
je trouvai plus à propos de rester.
Mylord Scarboroug étoit dans une
loge voisine , il apperçut le Marquis , & il vint à nous aussitôt
pour s'informer si nous connoissions cette Dame. Nous lui ra-
contâmes toute l'Histoire. Il nous
invita à souper & nous passâmes
une partie de la nuit avec lui &
quelques autres Seigneurs.

Comme je n'ai point entrepris
de faire la description de Londres , je ne suis point exact à rapporter tout ce qu'on nous fit voir
dans les differentes parties de cette
grande ville. J'aurois dû parler
néanmoins du monument qui fut
élevé en mémoire de l'incendie.
C'est une colomne creuse d'environ quatre-cent pieds de hauteur.
On y monte en dedans par un es-
calier tournant qui s'éleve jusqu'au sommet. Elle est soutenue
sur une base quarrée & sur les
quatres faces on lit les differentes

                    In-

Inscriptions qui font foi du malheur arrivé à Londres, & qui en expliquent les circonstances &c. Ce qui me surprit fut d'apprendre que les Anglois attribuent ce desaître à la malignité des Papistes. J'avois crû jusqu'alors qu'il n'étoit arrivé que par un accident ordinaire. Je ne dois pas omettre non plus l'ingenieuse machine qui sert à communiquer l'eau de la Tamise dans tous les quartiers de la ville. C'est une haute tour où par le seul secours de la fumée d'un feu continuel de charbon, on a trouvé le moyen d'élever l'eau jusqu'à une certaine hauteur; elle entre alors dans des canaux qui coulent sous les ruës & les maisons & qui se distribuent de tous côtez pour l'usage des habitans. Le pont de Londres est beau par sa longueur : elle ne surpasse pourtant pas celle du pont-neuf à Paris. Pour sa largeur elle n'égale point celle du pont St. Michel & de nos autres ponts couverts. Il leur est semblable en tout le reste. Les autres beautez de la capitale d'Angleterre

gleterre confiſtent dans les Edifices publics, tels que ſont les Hopitaux, les Egliſes, les maiſons des Compagnies de Commerce, les Colleges des Avocats & de tous ceux que les Anglois comprenent ſous le nom de *Lawyers*. Tous ces bâtimens paroiſſent l'ouvrage d'un peuple ſage & bien réglé, qui en travaillant à s'enrichir au dehors par le commerce, ne néglige rien de tout ce qui peut ſervir à la commodité, à l'abondance, à la ſecurité, & même à la beauté & à la magnificence au dedans.

Dans le tems que nous étions ainſi occupez des plaiſirs & des curioſitez de Londres, je reçus un paquet de lettres par les mains de Scoti. Il revenoit de France après s'être acquitté de ſa commiſſion. Il m'apprit que Milady R...... s'étoit conduite avec tant de circonſpection dans le voyage, qu'on ne s'étoit apperçu nulle part de ſon déguiſement; qu'elle étoit arrivée heureuſemenr à la terre de ma fille; qu'elle en avoit été re-

çûe

çûë avec tant de tendreſſe & d'honnêteté, qu'elle ſe promettoit mille
contentemens dans ce ſéjour ; que
toute ma famille jouïſſoit d'une
parfaite ſanté, excepté Memiſcès,
qu'il avoit laiſſé avec la petite
Verole. Le Marquis étoit préſent
à ce récit. Ce fut encore là que
j'eus occaſion de reconnoitre la
vivacité de ſon naturel. A peine
avoit-il entendu les derniéres paroles de Scoti qu'il ſe précipita
vers moi pour m'embraſſer : ah !
Monſieur me dit-il avec tranſport,
retournons vîte en France ; vou-
driez-vous laiſſer mourir Memiſcès ſans le voir ? Il eſt peut-être
mort depuis le départ de Scoti.
Ah ! ſi je le croiois, je ne voudrois pas lui ſurvivre un moment.
Quoique je ne fuſſe pas ſans inquiétude pour ma niéce, je répondis au Marquis en ſouriant, qu'il
étoit un mauvais conſolateur, qu'au
lieu de me donner des motifs d'eſperance & de tranquilité, il ſembloit qu'il voulût m'allarmer par
ſes propres craintes, mais que je
jugeois mieux que lui des évenemens :

mens : Que je ne voyois dans la
maladie de Memiſcès qu'un accident commun, & ordinairement
ſans péril ; que cependant je lui
étois obligé de l'interêt qu'il prenoit à ma famille, & que je le
prio's ſeulement de ne pas s'affliger plus que moi. Il parut avoir
quelque honte de s'être trahi ſi
viſiblement, quoique je n'euſſe pas
fait ſemblant de m'en appercevoir.
Il parla peu le reſte de la ſoirée.
J'ai ſçû néanmoins qu'il interro-
gea Scoti ſur le danger de ma niéce & qu'il écrivit une longue lettre avant que de ſe mettre au lit,
mais il ne l'envoya point à la poſte.
Pour moi je me retirai en particulier pour ouvrir les miennes. Ma
fille m'apprenoit auſſi la maladie
de ma niéce, mais elle n'en paroiſſoit pas craindre les ſuites. Elle s'étendoit fort au long ſur Milady R... & elle me remercioit
de lui avoir envoyé une compagne ſi aimable. Je lus enſuite celle
que Milady me faiſoit l'honneur
de m'écrire. La reconnoiſſance
& la généroſité de ſon cœur l'a-

E 3   voit

voit dictée.   Elle me preſſoit d'a-
breger mon ſéjour en Angleterre,
& la plus forte envie ſembloit
être celle de me revoir.

De quoi nos foibles cœurs ne
ſont-ils pas capables, pour peu que
que nous ceſſions de les tenir dans
la contrainte par une exacte &
continuelle vigilance ! à ſoixante
ans, on peut-être foible. J'ai honte de le dire, mais je l'ai éprouvé.   La lecture de la lettre de
Milady R . . . fit ſur moi une impreſſion ſurprenante.   Il me ſembloit que mon cœur ſe fût ſerré
tout d'un coup & qu'il s'y paſſât
des choſes dont j'avois quelque
effroi.   Je m'apuyai ſur ma table
& je tombai dans une rêverie profonde.   Je voyois cette charmante
Lady devant mes yeux.   Je la
voyois ; mon imagination me re-
préſentoit tous ſes charmes, mais
quoique je ſentiſſe de la douceur
à la voir, ſa préſence & les témoignages que je m'imaginois recevoir de ſa reconnoiſſance ne me
rendoient ni content ni tranquille.
Je la regardois avec langueur &
ſans

fans pouvoir lui fourire ; enfin je
me trouvai en fortant de cette efpece
de fonge les yeux humides de larmes & le cœur inondé d'amertu-
me. Je devins auffi trifte & auffi
rêveur que le Marquis. Nous ne
laiffâmes pas de nous trouver à
fouper enfemble. Il prononça à
peine quatre mots. J'étois bien
éloigné d'interrompre fon filence.
Nous nous retirâmes en nous
fouhaitant triftement le bon foir,
& nous allâmes chercher dans nos
lits un repos que ni l'un ni l'autre ne trouverent guéres.

O Dieu ! faut-il que les paffions ayent tant d'empire fur nos
malheureux cœurs ! Je me couchai
fans faire attention à ce qui fe
paffoit autour de moi, ni aux
queftions de mon valet. Je lui ordonnai de fe retirer promptement.
Quoi ? m'écriai-je quand je fus
feul, je n'aurai pas la force de
me rendre maitre des mouvemens
de mon ame ! je fens le honteux
poifon qui fe gliffe dans mes veines & je manquerai de courage
pour le repouffer ! mais qu'ai-je
E 4   dit...

dit..... quel poison.... bon Dieu! eft-ce de moi-même que je par-le! de moi que tout le monde croit fage & vertueux ; de moi qui me charge de former les autres à la vertu & à la fageffe ; de moi dont tous les fentimens & toute les actions doivent être des mo-déles ! Voila donc, ajoutai-je la larme à l'œil, le fruit de mon âge, de mon experience, de ma reli-gion ; voilà le fruit de foixante ans paffez dans les voyes de l'hon-neur & de la vertu. Ah ! je mour-rois de honte & de douleur, s'il falloit perdre mon innocence & ma réputation. Non, non, je ne fuis point capable d'une foibleffe qui rende criminel ou qui desho-nore ; mon cœur m'en répond. Je m'allarme mal à propos. Ce n'eft point une paffion que je fens pour Milady R... ce n'eft qu'u-ne tendre eftime qui eft duë bien juftement à fes malheurs & à cel-le qu'elle a pour moi. Là-deffus je rappellois pour me fortifier tou-tes les perfections de mon époufe, & ce que je devois éternellement

à

à sa mémoire. Je me repréſentois
cette chere ombre attentive à toutes mes démarches & me rede-
mandant compte de tous mes ſentimens. La moitié de moi-même
eſt au Ciel, continuai-je avec un
peu plus de tranquilité, elle n'aura pas à me réprocher de l'avoir
avilie par des liaiſons indignes d'elle. Je veux qu'elle me retrouve
tel qu'elle m'a laiſſé, tendre,
conſtant, fidele, avec le ſouvenir de ſes vertus dans l'eſprit, &
ſon image toute entiere dans le
cœur.

Ces derniéres penſées calmerent
un peu mon agitation. Je me trouvai moins coupable en m'endor-
mant & je pris vers le jour quelques heures d'un ſommeil aſſez
tranquille. Cependant je laiſſai
encore échaper des ſoupirs à mon
reveil. Mon cœur murmuroit d'ê-
tre contraint ſi rigoureuſement par
le devoir. J'eſperai que mes continuelles réflexions le ſoumet-
troient entiérement, & je me promis bien du moins de ne laiſſer
rien remarquer de ſon trouble au

E 5

Mar-

Marquis: Pour lui qui n'étoit guére capable de diffimuler , il me
laiffoit pénétrer jufqu'au fond de
fon ame. Je lui fis le matin des
reproches de ce que fes yeux paroiffoient chargez & abbatus : Il
ne s'en defendit qu'en me difant
naturellement, que fon inquiétude
pour Memifcès l'avoit empêché
de dormir & que je n'en devois
pas être furpris , fachant combien
il lui portoit d'affection. Je fis
réponfe ce jour-là aux lettres que
j'avois reçûës. Le Marquis me
pria d'inferer dans le paquet un
billet de lui pour Memifcès. Il
me le donna tout ouvert , je le
reçus , mais quoiqu'il ne con-
tint rien qui ne fût dans l'ordre,
j'eus l'adreffe de le mettre fecret-
tement à l'écart. Il s'imagina
néanmoins qu'il étoit parti avec
mes lettres , & je vis qu'il en avoit
de la joye , parce que cela fembloit
l'affurer que je n'avois aucun foub-
çon de fon attachement fecret.
Nous eumes le même jour la curiofité d'affifter à un fpectale fort
extraordinaire , & qui n'eft connu
nul-

nulle part hors de l'Angleterre.
Je veux dire les combats de gla-
diateurs. C'eſt un uſage Romain
qui s'eſt conſervé dans cette Ile
depuis pres de deux mille ans.
Nous trouvâmes au lieu du combat une foule de perſonnes de toutes les conditions. Le Théatre
où tous les combattans s'exer-
cent, eſt au milieu d'une grande
Salle, de ſorte qu'il eſt environné
de tous côtez par les Spectateurs,
qui ſont aſſis ſur des bancs élevez
les uns au-deſſus des autres juſqu'à la voute. Le premier combat fut celui du bâton; les Anglois l'appellent Cudgel. Ils s'en
ſervent comme on fait d'un ſabre,
& les coups des combattans ſont
ſi peu ménagez, que je ne comprens
point comment ils peuvent s'en
donner tant ſans ſe caſſer les bras
ou la tête; car ils combattent
tête nuë & le corps à découvert.
Le vainqueur eſt celui qui tire le
premier du ſang de la tête de ſon
adverſaire. Après les Cudgels
vient le combat des poings. Les
deux aſſaillants ſont nuds juſqu'à

la

la ceinture, les coups qu'ils se
donnent font si violens qu'ils leur
font quelquefois fortir le fang par
la bouche. J'en ai vû tomber quelques-uns & refter quelques momens fans connoiffance ; mais
leur ardeur fe ranime bientôt, à
l'aide d'un limon ou d'un peu de
vinaigre qu'on leur porte au nez.
Ils fe relevent, embraffent leur ennemi, & recommencent le combat jufqu'à ce que l'un des deux
perde entierement les forces. Il
arrive qulquefois qu'il perd auffi
la vie. Cet exercice m'a paru le
plus dangereux & le plus violent. Il eft fuivi de celui de la
lutte. Vous voyez deux coquins
bien tournez s'approcher doucement & avec précaution, fe me-
furer quelques momens des yeux,
tourner l'un autour de l'autre comme pour reconnoitre l'endroit foible, fe tâter de tems en tems du
jarret qu'ils avancent l'un contre
l'autre, s'accrocher à la fin pour fe
ferrer & fe fecouer avec une force
& une agilité furprenantes. Il fe
paffe quelquefois bien du tems

avant

avant qu'on voye la moindre iné-
gal té. Enfin lorfque la victoire
s'eft déclarée pour l'un, il tend
la main au vaincu qui fe releve
& recommence à combattre jufqu'à l'extinction de fes forces.
Le dernier combat fe fait au fabre. Ce font ordinairement des
Irlandois qui par un défi public
& imprimé dans les Gazettes avec
un tour de fanfaronnade qui fait
rire, s'engagent à venir aux mains
avec tous ceux qui auront la har-
dieffe de s'expofer au tranchant
mortel de leur redoutable épée.
Ils racontent le malheur des te-
meraires qui ont péri, ou qui ont
été bleffez par leurs mains. Ce
font autant de Céfars & d'Alexan-
dres. Cependant ils font prefque
toujours battus par les Anglois, &
fur tout par un certain Figg, qui
eft l'homme du monde qui fe fert
le mieux d'un fabre. On m'a affuré que ce Figg a fontenu plus
de cent affauts publics & qu'il n'a
prefque jamais reçû de bleffure.
Nous fumes témoins que s'il n'en
reçoit pas il en fait faire. Son ad-

E 7 ver-

verſaire étoit un Sergent Irlandois arrivé recemment de Gibraltar. Ils parurent tous deux ſur le théatre en chemiſe , & la tête nuë. Ils ſe firent lier le bras avec un ruban rouge pour ſoutenir la manche de la chemiſe : leur contenance étoit fiere & tranquille. Figg offrit au Sergent le choix de pluſieurs ſabres qu'on apporta nuds ſur le théatre. Leur largeur étoit d'environ deux doigts ; ils étoient ſans pointe & quarrez par le bout. J'eus la curioſité d'en manier un; il me parut bien affilé & extremement propre à couper un bras ou une jambe. Les combattans après s'être donnez la main en ſigne d'amitié & d'eſtime ſe mirent en garde , croiſerent leurs armes, & commencerent une furieuſe attaque. Il ne faut pas s'imaginer qu'ils ſe ménagent ; tous leurs coups étoient francs , & tomboient avec une vigueur & une rapidité ſi étrange que cela rendoit le Spectacle terrible. Toute l'aſſemblée étoit dans un profond ſilence. Le Sergent porta un coup à Figg qui lui

lui coupa une piéce affez large
de fon bas fans bleffer nullement
la jambe. Figg dont le fens froid
& le jugement me parurent ad-
mirables , fentit le coup ; tu en
veux à ma jambe, dit-il à l'autre,
prends garde à la tienne ; & dans
l'inftant même il lui emporta une
grande partie du molet qui tom-
ba fur le théatre. Tout le monde
applaudit à un fi beau coup en
frappant des mains & en criant,
bravo, *bravo*, *ancora*, *ancora*, qui
eft une façon d'applaudir qu'ils
ont pris des Italiens. Le Sergent
ne pouvant plus fe foutenir de-
meura affis en confiderant fon
fang qui couloit comme un ruif-
feau. On m'a dit qu'ils ont pour
fe guérir des poudres dont l'effet
eft extrémement prompt. Nous
en vîmes encore combattre quelqu'uns qui fe blefferent en divers
endroits. Ce Spectacle ne manqua
pas de nous faire faire beaucoup
de réflexions. Il eft certain qu'il
a fon utilité. C'eft une efpece
d'école où la jeuneffe va fe former à l'intrepidité & au mépris
de

de la mort & des bleſſures ; mais
nous convinmes d'un autre côté
qu'il a quelque choſe de feroce &
de barbare ; ſi l'effuſion du ſang
humain doit être regardée comme
un mal lors même qu'elle eſt juſte
& néceſſaire, il ſemble que c'eſt
bleſſer les loix de la nature & de
l'humanité que de ſe faire un amuſe-
ſement de le répandre. Cependant
cette coûtume eſt autoriſée en
Angleterre ; & ce n'eſt pas apparemment ſans de fortes raiſons,
dans un Gouvernement ſi ſage où
tout ſe rapporte au bien public.
La ſaiſon des eaux minerales de
Tumbridge étant arrivée, nos amis
nous conſeillerent d'y aller paſſer
quelques jours. Ils nous parle-
rent de ce lieu comme d'une des
plus agréables choſes du monde.
Toutes les perſonnes qui aiment
le plaiſir ne manquent point de
s'y rendre, parce qu'il s'y en trouve de toutes les ſortes, & l'on
nous fit eſperer d'y voir en ra-
courci tout ce qu'il y a de rare &
de curieux en Angleterre. De ſi
grandes eſperances nous firent

pren-

prendre avec joye le chemin de
Tumbridge. Il n'eſt qu'à une jour-
née de Londres. Le premier coup
d'œil nous en plût infiniment.
Ce n'eſt ni une ville ni un village.
C'eſt une multitude de jolies maiſons qui ſont répandues ſans ordre
de cô é & d'autre & qui ſont preſque toutes ſéparées, quoiqu'à peu
d'éloignement. Il y en a de grandes, de petites, de magnifiques &
d'autres qui ne le ſont pas. Les
unes ſont ſur le penchant de pluſieurs petites colines, les autres
dans le fond où eſt le puits des
eaux minerales. La plûpart ſont
ſans jardins, quelques-unes en ont
de fort propres avec un petit bois
qui les fournit d'ombre. Il ſe
forme de tout cela un payſage
charmant, qui ſurprend d'autant
plus que les abords en ſont ſau-
vages & deſerts. Ce lieu n'eſt ha-
bité que dans la ſaiſon des eaux;
ce qui fait que les maiſons s'y
louënt fort cher: nous primes un
appartement de trois chambres
ſeulement, qui nous revinrent à
quatre guinées par ſemaine. Il

s'étoit

s'étoit déja rendu à Tumbridge un nombre infini de personnes de distinction. Nous n'entendîmes en entrant qu'un bruit confus de carolles, d'inftrumens de mufique, & de cris de joye qui s'élevoient de toutes parts. Je me répondis bien que la triftelle du Marquis, & la mienne alloient recevoir une grande diminution. Nous reconnûmes les lieux dès le premier foir de notre arrivée. Nous nous fimes conduire à la promenade publique qui eft auprès du Puits. C'eft une longuë ruë dans laquelle on entre en montant quelques degrez, elle eft pavée de pierrez larges & unies, comme l'eft une Eglife. Au long des maifons fur la droite eft une voute foutenuë par des piliers, fous laquelle on fe promene à couvert, lorfqu'il fait mauvais tems. Il n'y a point d'autres maifons que des caffez, de grandes falles pour le jeu, des boutiques remplies de bijoux, & d'autres lieux de plaifir, où l'on voit entrer & fortir continuellement une foule de perfonnes

fonnes de toutes les conditions.
Au milieu de cette ruë qu'on appelle le Walk eſt un orkeſtre
élevé, d'où cinq ou ſix violons,
& quelques hautbois ſe font entendre depuis le matin juſqu'au
ſoir. Voici l'ordre que les perſonnes de condition obſervent à
Tumbridge. On vient le matin
ſur les ſept heures en deshabillé
pour prendre les eaux, & l'on ſe
promene une heure ou deux ſur le
Walk. On dejeune enſuite avec
du thé ou du chocolat dans les
maiſons de caffé : on s'invite les
uns les autres à dejeuner. Ce ſont
les hommes qui régalent chacun
à leur tour les Dames de leur
connoiſſance. La dépenſe n'eſt
que de ſix ſols par tête. C'eſt un
prix fait. On ſe trouve quelquefois cinquante ou ſoixante d'une
même bande à dejeuner dans une
même ſale, parce qu'on n'a pas
paſſé deux jours à Tumbridge,
qu'on ne connoiſſe tout le monde
& qu'on n'en ſoit connu. Après
le dejeuner on recommence à ſe
promener, quelques-uns joüent aux
jeux

jeux de hazard. La priére sonne vers midi & les dévots vont à l'Eglise qui est bâtie exprès au bout du Walk. Chacun se retire ensuite à son logement pour s'habiller & pour dîner. Vers les quatres heures on voit revenir tout le monde en foule, mais dans un ajustement bien différent du matin. Les Dames sont ornées de tout ce qu'elles ont de plus précieux & les hommes dans leurs habits les plus riches & les plus galants. On se promene quelque tems pour se faire voir, jusqu'à l'heure de prendre le thé, ce qui se fait avec la même méthode que le dejeuner. Au thé succedent les jeux de toutes especes, cartes, dez, &c. toutes les salles sont remplies de tables & de commoditez. Ceux qui n'ont pas de goût pour le jeu se promenent de salle en salle, & jouissent du plaisir d'observer les autres. Plusieurs vont à la Comédie ou à d'autres spectacles, dont la diversité donne lieu de choisir. Il y a trois fois la semaine un bal public dans une grande salle, qui
n'est

n'eſt que pour cet uſage, là tous les rangs ſont confondus, car on y voit les griſettes à côté des Ducheſſes ſans que perſonne ait droit de s'informer d'où l'on vient ni qui l'on eſt. On danſe juſqu'à la pointe du jour. Je ne ſçai ſi cela retarde ou ſi cela aide à l'effet des eaux minerales ; mais on ne les prend pas le lendemain moins regulierement , & l'on ne remarque pas que perſonne s'en trouve plus mal. Je m'expoſerois à ne pouvoir finir ſi j'entreprenois de rapporter toutes les avantures d'amour & de plaiſir qui naiſſent tous les jours à Tumbridge. Si cet aimable lieu avoit ſubſiſté du tems des Anciens, ils n'auroient pas dit que Venus & les graces faiſoient leur reſidence à Cythere. Nous y demeurâmes quinze jours, dont il ne ſe paſſa pas un ſeul ſans quelque nouvelle ſcene qui diverſifioit nos plaiſirs. Je ne conſeille point aux cœurs tendres d'aller à Tumbridge, à moins qu'ils ne ſoient défendus comme moi par la froideur de l'âge. Les bel-

les

les femmes y font fi communes qu'elles fe nuifent ; l'une détruit l'impreffion de l'autre. Si l'on fe fauve de ce dangereux païs, il femble qu'on n'ait plus rien à redouter, après avoir réfifté à tout ce qu'il y a de plus enchanteur & de plus feduifant fur la terre.

Je me fuis étonné plufieurs fois de l'opinion que les étrangers ont de l'Angleterre ; & j'ai cherché quelque caufe à laquelle on pût raifonnablement l'attribuer. On regarde communément les Anglois comme un peuple dur & fier, qui n'eft propre qu'à la guerre ou à la navigation, qui cultive moins les Arts par goût que par utilité, qui penfe & qui raifonne à la verité folidement : mais toujours dans des vûes d'interêt, on fe le figure fans douceur naturelle, fans délicateffe, & peu capable des fentimens de l'amitié & des tendreffes de l'amour. Voilà ce que je fuis furpris d'avoir entendu dire à quantité de perfonnes de mérite dans les Cours étrangeres & dans tous les pays que j'ai

par-

parcourus. Je m'imagine que cette idée se prend en lisant l'histoire. On y observe que l'Angleterre est un composé de plusieurs nations différentes, qui dans leur origine étoient des Barbares, Danois, Saxons, Normands : Qu'elle a souvent été agitée par des mouvemens furieux, revoltes, séditions, guerres intestines ; on lit les divisions sanglantes des maisons d'York, & de Lancastre ; les troubles arrivez pour la Religion ; la catastrophe de Charles I. le renversement de la famille royalle des Stuards, les cabales des Whigs & des Toris ; on se forme sur tous ces évenemens une idée du caractere de la nation, & comme il y a peu d'étrangers qui voyagent dans le pays pour le connoitre autrement que par ces dehors, on se trouve porté à juger de l'interieur de l'Angletrre par les apparences historiques. Cependant il me semble que cette régle est très injuste. Premiérement il n'y a point aujourd'hui de nation dans l'Europe

rope qui ne doive son origine à des barbares ; sans en excepter les François & les Italiens. C'est ce qu'on ne peut ignorer avec une connoissance mediocre de l'histoire. La barbarie des Gots, des Alains, des Herules, des Francs & des Normands n'empêche pas que la France & l'Italie ne passent pour des regions polies. En second lieu, si les troubles domestiques, & les évenemens funestes étoient des preuves qui pussent établir le mauvais caractére d'une nation, je demande s'il y a quelque peuple dans l'univers, dont on dût prendre une plus mauvaise idée que des François. Remontons à la source de nos Annales & parcourons les jusqu'à nos tems, nous y trouverons des Rois massacrez, des Rois empoisonnez, des Rois déposez. Nous verrons des fils armez contre leur pere, & des sujets contre leur maitre. Nous verrons des guerres sanglantes produites par la religion, par l'ambition, par la jalousie, par la haine, & soutenues par l'in-

l'injuſtice, la cruauté, & la perfidie. Nous lirons que pour des
interêts d'une bien moindre importance que ceux qui diviſent
les Whigs & les Toris, pour des
queſtions d'Ecole & des diſputes
de Philoſophie & de Grammaire
on en eſt venu aux maſſacres &
aux incendies; enfin ſans parler
des diviſions du Janſeniſme qui
prennent le train de s'éterni-
ſer, nous verrons ce qui eſt ſans
exemple dans tous les ſiécles; des
Citoyens d'un même Royaume
s'entregorger de ſens froid au ſon
d'une cloche, & un Roi cruel
prendre plaiſir à animer lui-même ſes ſujets au meurtre de leurs
amis, de leurs parens, de leurs
compatriotes, de ceux qui vivoient
avec eux ſous le même toit &
dans le même lit. De tels faits
ſeroient ſans doute l'opprobre d'u-
ne nation, s'il étoit vrai qu'on
pût les reprocher à tous les particuliers. Mais dans ces grands
mouvemens qui troublent & qui
renverſent les plus puiſſans
Etats, combien ſe trouvera-t-il

Tome V.   F   de

de perſonnes qu'on puiſſe en ac-
cuſer ? Il ne faut qu'un Scelerat
hardi & entreprenant ; un Duc
de Guiſe en France, un Crom-
wel en Angleterre. La multitude ſe remuë presque toujours à l'a-
veugle. Le crime des mouvemens populaires ne tombe que
ſur celui qui les cauſe ; & dans
ces ſortes de convulſions publiques (ſi j'oſe m'exprimer ainſi)
où les plus honnêtes gens ſe
trouvent ſouvent engagez par
crainte, ou par d'autres néceſſi-
tez inévitables, on peut quelque
fois être forcé de commettre des
crimes & conſerver toute ſon innocence.

Mais s'il eſt vrai, dira-t-on, qu'il
faut attribuer l'injuſtice qu'on fait
au caractere des Anglois, à la fauſſe
idée qu'on prend d'eux dans l'histoire ; pourquoi ne juge-ton pas
auſſi mal des François, eux qui
de mon aveu n'y ſont pas repre-
ſentez avantageuſement ? Si c'eſt
un François qui me fait cette objection, je lui répondrai d'abord
qu'il eſt peut-être un peu la dup-
pe

pe de fa vanité, lors qu'il s'imagine que tous les étrangers ont
de lui une auffi avantageufe idée
qu'il en a lui - même. Mais il
eft aifé d'ailleurs de fatisfaire à
cette difficulté , & ma réponfe
fervira même à confirmer mon
opinion. J'avouë donc que quelque préjugé qu'on pût former au
defavantage des François fur la
lecture de leur hiftoire, on n'a pas
abfolument d'eux les fâcheufes
idées que cette lecture peut infpirer. Cela vient de ce que le fond
de leur caractére eft comme de la
plûpart des Etrangers. Ils font au
milieu de l'Europe & cette fituation les expofe à être vifitez continuellement par les voyageurs.
On les voit, on les fréquente, on
reconnoit qu'à la legereté & à la
vanité près, ils font d'un caractére aimable. On leur rend juftice. Les Anglois n'ont pas le
même avantage. Ils font féparez
du continent par une mer dange-
reufe. On voyage rarement chez
eux, on ne les connoit point affez. On demeure donc fur leur

F 2

comp-

compte dans le préjugé hiſtorique & ſur une trompeuſe apparence on ſe fait d'eux un portrait qui ne leur reſſemble pas. Pour m'expliquer en un mot, c'eſt en Angleterre qu'il faut venir prendre le droit de juger des Anglois. C'eſt là que je les ai reconnus humains, affables, généreux, capables de tous les ſentimens qui font les bons naturels & les grandes ames. Les honnêtes gens d'Angleterre ſont tels que je ſouhaite que ſoient mes enfans & toutes les perſonnes qui me ſont cheres : Pour ce qui regarde les Dames, je trouve que celles qui ſont aimables, dont le nombre eſt très-grand, le ſont infiniment plus qu'en nul autre païs du monde ; & ſi je ne ſçavois d'où j'amenois autrefois ma chere Selima, je m'imaginerois que cette chere épouſe étoit née en Angleterre.

Je m'apperçois que mes digreſſions ſont longues. C'eſt un défaut de ma vieilleſſe. Je veux mériter le pardon du lecteur par le recit d'un évenement qui ne lui

cau-

caufera point d'ennui. La veille
de notre départ de Tumbridge
étoit un jour de Bal. Nous y étions
allez avec un gentilhomme Suedois, d'un mérite extraordinaire
qui fe nommoit le Baron de Spalding. C'étoit une connoiffance que
le Marquis avoit faite à Londres,
& dont je l'avois félicité. Tandis
qu'ils étoient tous deux dans la
chaleur de la danfe, on vint avertir le Baron qu'une Dame demandoit à lui parler à la porte. Il for-
tit auffitôt que cela fut poffible, &
ne revint point. Une demie heure
après il nous envoya fon laquais
avec un billet pour le Marquis,
par lequel il nous prioit, fi nous
étions toujours réfolus de partir
le lendemain au matin, de ne pas
nous retirer chez nous fans paffer
à fon logis. Il n'étoit pas loin du
notre, nous y allâmes vers minuit. Nous n'y trouvâmes point
le Baron ; mais bien un fecond
billet de fa main par lequel il
nous faifoit fes excufes d'avoir
demandé notre vifite & de n'avoir
pû l'attendre. Il conjuroit le Mar-
F 3

quis

quis par l'amitié qu'ils s'étoient jurée, de ne point partir de Tumbridge qu'il n'eût eu l'honneur de le voir. Les procedez misterieux ne m'ont jamais plû; cependant connoissant la sagesse de Mr. de Spalding, je suspendis le jugement que j'en aurois pû faire. Le lendemain matin nous reçûmes de lui un nouveau billet, qui étoit une pressante invitation d'aller dîner chès lui. Y étant allez nous le trouvâmes qui nous attendoit avec un homme que nous ne connoissions point & une jeune Dame de dix-huit ou dix-neuf ans qui nous parut belle comme un Ange. Il étoit dans un transport de joye qui se lisoit dans ses yeux. Vous me voyez le plus content des hommes, nous dit-il, j'en étois hier le plus malheureux. Voici, ajouta-t-il en nous montrant la jeune Dame, celle qui causoit hier ma peine, & qui va faire maintenant tout le bonheur de ma vie. Nous lui marquâmes quelque envie d'en apprendre davantage, il nous raconta ce qui suit.

En

En voyageant en France j'étois arrivé, nous dit-il, à Marseille, je balançois si je ne m'embarquerois point pour l'Italie. Comme j'étois dans l'hôtellerie une Dame se fit amener à moi avec une bourse à la main, dans laquelle elle me preſſa honnêtement de mettre quelques piéces d'argent par aumône. Je lui demandai à quel uſage elle deſtinoit cette charité. Elle me dit que c'étoit pour ſubvenir aux frais du voyage d'une pauvre jeune Angloiſe qui ſe trouvoit ſans bien & ſans ſuport à Marſeille, & qui vouloit abſolument retourner en Angleterre. Cela piqua ma curioſité. Je priai la Dame de m'apprendre ce que c'étoit que cette Angloiſe & comment étant ſi jeune elle ſe trouvoit ſeule à Marſeille. Elle me raconta qu'elle y étoit depuis pluſieurs années! Qu'un vaiſſeau Anglois ſur lequel elle étoit avec ſa mere ayant été pris par un Corſaire François, la mere & la fille étoit tombées en partage au Capitaine qui étoit un Marſeillois;

qu'il

qu'il avoit pris tant de soin de
l'une de l'autre, qu'elles avoient
peu senti la perte de leur liberté:
mais que ce bon Patron étant venu à mourir, & leur ayant laissé
de quoi vivre honnêtement, elles
avoient eu des démelez avec
l'héritier principal qui prétendoit
que le mort n'avoit pû disposer de
ce qu'il leur avoit donné; qu'a-
yant plus de credit que deux pauvres étrangeres il s'étoit mis en
possession de ce qui leur apparte-
noit, & les avoit reduites à la
derniere misere; que la mere en
étoit morte d'affliction tout recemment; que la fille se voyant privée de toute consolation, étoit
résoluë de retourner dans sa patrie, & que tout ce qu'il y avoit
d'honnêtes gens à Marseille s'u-
nissoient dans le dessein de lui faire une somme considerable, qui
pût la mettre en état de faire le
voyage avec douceur & sous la
conduite de quelques personnes
d'honneur qu'on chargeroit de cette commission. Cette histoire me
toucha assez pour me faire souhaiter

ter de connoitre cette malheureuse
étrangere. Je mis deux écus dans
la bourse. J'affectai ainsi de ne
pas paroitre trop liberal pour prévenir le soubçon de mon dessein.
Je m'informai de sa demeure : on
me dit que depuis la mort de sa
mere, une Dame l'avoit retirée
chez elle par charité. Je conçus
qu'il me seroit difficile de m'introduire dans cette maison. Cependant comme je sçai parfaitement la langue Angloise, je ré-
solus de m'y présenter sous la
qualité d'un Anglois qui s'interes-
soit au malheur d'une personne de
son pais. Je fus reçû de bonne
grace avec ce titre. Je vis la charmante personne qui est à mes côtez, car c'est elle-même que vous
voyez, ajouta le Baron, je l'ado-
rai au premier moment que je la
vis. Je la priai de m'expliquer ses
peines & de me dire comment je
pourrois me rendre propre à les
adoucir. Sa maniere généreuse de
répondre acheva de me rendre passionné. Je lui jurai dans le fond
de mon cœur un respect éternel.

F 5

Ce-

Cependant je pris le dessein de ne lui en rien témoigner. Je lui promis seulement mes services ; & pour commencer à lui en rendre de réels, je m'informai de ce que c'étoit que le lâche qui en avoit si mal usé avec elle ; son credit ne m'effraya point : je pris des avis sur les moyens de l'attaquer, je lui intentai un procès en forme, résolu de le pousser jusqu'au Conseil du Roi, s'il étoit plus heureux que moi dans les tribunaux inferieurs. Le Ciel se mit du côté de l'innocence, nous eumes une pleine victoire, & Mademoiselle Perry fut remise en possession de tout ce qu'elle avoit injustement perdu. Je lui demandai ensuite si elle pensoit toujours à retourner en Angleterre. Elle me fit connoitre que c'étoit son dessein. Je lui offris de l'y conduire moi-même sous prétexte que mon dessein étoit d'y voyager ; car je ne lui avois point caché que j'étois Suedois, & pour ménager sa délicatesse, je priai la Dame qui lui avoit donné une retraite de consentir.

sentir à nous tenir compagnie.
Elle avoit conçû tant d'amitié pour
Mademoiselle Perry qu'elle accep-
ta cette proposition avec joye.
Nous quittâmes Marseille, nous
traversâmes la France & nous tou-
châmes enfin le port de Londres
après une route des plus heureuses. Je n'avois pas fait pendant
ce tems-là la moindre ouverture
de mes sentimens à Mademoiselle
Perry; mon respect & l'assiduité de
mes soins m'avoient servi seuls
d'interprétes. Je ne lui avois pas
même demandé quelle étoit la situation de ses affaires à Londres.
Cependant je pris la liberté de
m'informer d'elle où elle vouloit
se faire conduire, & s'il me seroit
permis de la revoir quelquefois.
Elle me dit avec une franchise
charmante, que sa fortune étoit de-
rangée; que son Pere qui avoit
été un des plus riches négotians
de Bristol s'étoit trouvé contraint
par diverses pertes d'abandonner
le commerce & de se retirer avec
le reste de ses biens; qu'il s'étoit
embarqué pour le Levant avec sa

F 6

fa-

famille, dans l'esperance d'y reparer le desordre de ses affaires: mais qu'ayant été attaqué par le Marseillois, il avoit péri en se défendant, de sorte que cet infortuné voyage lui avoit coûté la perte de son pere, ce sa mere, & de toutes ses esperances ! Qu'il lui restoit une tante à Londres chez laquelle elle se promettoit de trouver un azile, & que c'étoit à sa maison qu'elle alloit se faire mener. Je pris le soin de l'y conduire moi-même! Mais quel fut son étonnement & son affliction en apprenant que cette tante étoit morte depuis deux ans, & qu'il lui restoit par conséquent moins de protection encore en Angleterre qu'elle n'en auroit trouvé à Marseille; je crus pouvoir lui proposer en ce triste état ce que je n'avois osé jusqu'alors. Je lui offris ma bourse jusqu'à ce qu'elle eût le tems d'écrire à ses parens à Bristol & de mettre ordre à ses affaires. Elle n'écouta point volontiers ma proposition. Dites plutôt, Monsieur, que je ne fus

pas

pas longtems à l'accepter, interrompit Mademoiselle Perry; & ne
vous ôtez point la gloire de votre
générofité; comme vous avez déja fait en cachant l'exceffive dépenfe, où vous engagea le procès
de Marfeille, & celle que vous
fites en nous defrayant malgré
nous fur la route. Je me charge
continua-t-elle de finir le récit de
notre avanture, car je prévois que
votre modeftie vous fera renoncer
au caractére d'Hiftorien fidéle.

Mademoifelle Perry prit donc la
parole au lieu du Baron & pourfui-
vit ainfi fon hiftoire. Il eft vrai que
je fis d'abord quelque difficulté
d'accepter les offres de Mr. le Baron. Je n'avois déja que trop de
confufion des peines & de la dépenfe ou fa compaffion pour
mes malheurs l'avoient engagé;
mais fes inftances continuelles &
le confeil de Madame Doublet
(c'étoit le nom de la Dame de
Marfeille, qui les avoit accom-
pagnez) me firent refoudre à lui
avoir encore cette obligation. Il
loüa pour cette Dame & pour moi

un

un appartement fort propre, il le
meubla avec plus de magnificence
qu'il ne convenoit à l'état de ma
fortune, il me donna une femme
de chambre & deux domestiques;
enfin il me mit dans une abondance que je n'avois connuë que
les prémieres années de ma vie.
Madame Doublet qui est une femme fort sage n'approuvoit point
cette excessive liberalité. Quelles
font ses vûes me disoit-elle, que
prétend-il par cette dépense ? s'il
n'a dessein que de vous rendre service un peu plus de modération
conviendroit davantage. Nous
pourrions vivre honnêtement à
moins de frais : que je crains,
ajouta-t-elle, qu'il n'y ait du poifon caché fous ce beau dehors,
& que Mr. de Spalding n'en veuille à votre innocence ! Ce discours
me déplut. J'avois remarqué tant
d'honneur & de modestie dans la
conduite & les fentimens de Mr.
le Baron que je ne pouvois le
foubçonner d'une lâcheté. Cependant j'avois peine à me rendre
raifon à moi-même des excès de
fa

sa générosité. Est-ce compassion, disois-je, est-ce amour ? Il ne s'est jamais expliqué sur ses motifs. Il en use avec moi comme il feroit avec une sœur chérie. Il est impossible que je dévine les principes qui le font agir. Madame Doublet observoit ses moindres actions: il vous aime, me disoit - elle quelquefois, j'en suis sûre, voyez ses régards timides, sa façon d'agir tendre & respectueuse, cette crainte de se rendre trop familier; ce n'est point là le langage de l'indifference. Il seroit plus libre avec vous si l'amour ne le tenoit pas dans cette reserve ! mais quelle apparence, répondois - je, qu'il ait pour moi les sentimens que vous dites ! puisqu'il ne m'en a jamais témoigné la moindre chose ? C'est - ce qui me le fait craindre, reprenoit - elle, j'apprehende ses intentions. On ne cache point si soigneusement ce qu'on peut découvrir sans honte ou sans reproche.

Cependant Mr. le Baron me donnoit sans cesse de nouvelles mar-

marques de fa générofité, tantôt c'étoit un préfent confidérable, qu'il trouvoit toujours quelque moyen adroit de faire recevoir, tantôt c'étoient des fêtes & des parties de plaifir ; il faifoit tout d'un air défintereffé , & fans affectation. Ses vifites même quoique fréquentes ne l'étoient pas affez pour donner lieu à la médifance ; & il prenoit foin de ne me les rendre que dans les tems , où il étoit affuré que Madame Doublet fe trouvoit avec moi. Des maniéres fi nobles & fi charmantes ne pouvoient manquer de me toucher jufqu'au fond du cœur. Je ne regardois Mr. de Spalding qu'avec admiration. J'ai fouhaité cent fois, non d'être affez heureufe pour faire naitre fon amour, je fentois trop la diftance qu'il y avoit de lui à moi ; mais d'être née avec tout ce qu'il falloit pour lui plaire , pour élever fa fortune , & pour le rendre heureux. Je ne pouvois entrer dans les défiances de Madame Doublet. Je ne trouvois dans mon cœur que des fentimens d'efti-

d'estime & de reconnoissance, & souvent plus de trouble & de tristesse que je n'en laissois paroître. Pendant ce tems-là j'avois écrit à Bristol pour y découvrir ce qui me restoit de Parens. Il s'y en trouvoit encore quelques-uns, mais si éloignez que j'avois peu de secours à attendre d'eux. Madame Doublet qui vit ma tristesse, m'offrit de me reconduire avec elle à Marseille, & de m'y donner pour toute ma vie une retraite dans sa maison. J'aurois peut-être pris ce parti, si je n'avois point eu d'autre inquiétude que celle de ma fortune ; je tenois à l'Angleterre par d'autres liens. Le sentiment des bontez de Mr. de Spalding occupoit entiérement mon cœur. Je m'affligeois de ne pouvoir rien pour les reconnoitre ; je me flattois même quelquefois que mon absence l'avoit chagriné ; & quoique je n'osasse m'arreter à cette pensée, je sentois qu'elle faisoit toute la douceur de ma vie. Il arriva qu'un jeune homme de mon voisinage qui m'avoit vûe passer

sou-

ſouvent vis-à-vis de ſa porte, prit
pour moi une ſi vive inclination
qu'elle lui fit naitre l'envie de
m'épouſer ; il avoit un bien honnête, & il pouvoit diſpoſer de
lui. Il s'adreſſa à Madame Doublet, que tout le monde prenoit
pour ma mere, & lui ayant expliqué ſans détour les ſentimens
qu'il avoit pour moi, il demanda
d'elle ſon conſentement pour me
voir. Madame Doublet m'aporta
cette nouvelle avec joye. C'en
étoit une dans le fond fort avan-
tageuſe pour une fille telle que
moi, qui ne ſubſiſtoit qui par les
liberalitez d'autrui. Cependant
je n'en fus point touchée. Mr. le
Baron m'étant venu voir dans le
tems que nous étions occupez de
cet entretien, je craignis que
Madame Doublet ne lui en fit
l'ouverture, & je me ſentis trem-
blante ſans ſavoir pourquoi : elle
lui en parla néanmoins, croyant
que cette affaire ne devoit point
être cachée à une perſonne à qui
nous avions tant d'obligation. J'é-
tois pâle & interdite pendant le
recit ;

recit ; il l'écouta jusqu'au bout sans l'interrompre. Lorsqu'elle eut cessé de parler & de relever les avantages qu'il y avoit pour moi dans ce parti, il répondit d'un air assez froid que personne ne s'interessant plus que lui à mon bonheur, il se rejouissoit sincerement de cet effet extraordinaire de mon mérite ; que c'étoit à moi-même à me consulter dans cette occasion, & que quelque resolution que je pusse prendre, il estimeroit très-heureux celui que je rendrois le maitre de mon cœur & de ma personne. Il fit tomber ensuite la conversation sur un autre sujet : elle fut courte & sa visite aussi. Il se retira sur le prétexte d'une affaire pressante.

Je ne veux point cacher ici, ajouta alors Mademoiselle Perry en adressant la parole au Baron, ce que je n'ai point encore eû l'occasion de vous raconter à vous même. Votre retraite & le discours que vous aviez tenu à Madame Doublet furent un coup mortel pour moi. J'entrai seule dans mon cabinet, mes larmes se firent

bien-

bientôt un paſſage malgré moi,
& je m'abandonnai aux plaintes
les plus douloureuſes. O ciel
m'écriai-je ; ſe peut-il rien de
plus étrange que ma fortune !
par où ai-je mérité que le ſort
me traite ſi cruellement ! J'ai été
malheureuſe avant que de pouvoir connoître ce que c'eſt que
de devenir criminelle ; j'ai perdu
mon pére, & ma mére, mes biens
& ma liberté ; j'ai vû mon honneur & ma vie en péril, dans une
region étrangere, au pouvoir d'un
Corſaire ; j'ai ſouffert plus de
chagrins que je ne puis compter
de jours dans toute ma vie, &
toutes mes infortunes paſſées n'é-
toient rien en comparaiſon de celle où je rétombe. Quoi ? j'aurai
connu le plus aimable de tous les
hommes, j'en aurai été traitée
avec une douceur, & une généroſité ſans exemple ; je me ſerai
flattée qu'il entroit un peu de tendreſſe dans ſes ſoins ; je lui aurai
donné toute la mienne, & je
paſſerai à ſes yeux dans les bras
d'un autre, ſans qu'il paroiſſe même

me s'appercevoir de mes peines!
Helas! demandois-je d'être aimée de lui? je découvre trop bien le peu que je vaux; mais si la compassion a pû le toucher autrefois en ma faveur, pourquoi en manque-t-il aujourd'hui pour le plus cruel de tous mes maux? m'a-t-il crû assez insensible pour n'être pas touchée de ses bienfaits? s'il est généreux pourquoi me croit-il incapable de l'être? ou s'il a de mon cœur l'opinion que je ne mérite que trop qu'il en ait, pourquoi ne me plaint-il pas lorsqu'il me cause des peines plus insuportables, que celles dont-il m'a délivrée. Je demeurai dans ce trouble pendant quatre jours. Je puis dire même qu'il augmenta beaucoup par l'absence de Mr. le Baron, qui laissa passer tout ce tems sans me voir & sans me donner de ses nouvelles. Enfin je le vis venir au cinquiéme; son air étoit aussi froid & plus embarrassé que la derniere fois qu'il m'avoit quittée. M'ayant trouvée avec Madame Doublet, il demanda la liberté de m'en-

m'entretenir un moment sans témoins. Elle ne fut pas plutôt é-
loignée qu'il se jetta à ses genoux.
Il prit une de mes mains qu'il bai-
sa quelque tems sans parler, & je
ne pensai pas même à la retirer
dans la surprise où son action me
jetta. Je vois, Madame, me dit-
il, qu'il n'est plus tems de se taire. J'ai eu besoin d'une force infinie pour me faire cette violence
depuis le premier moment que je
vous ai connuë à Marseille, &
plus encore depuis trois mois que
nous sommes en Angleterre ; mais
tout mon respect cede à la crainte que vous m'avez donnée de vous
perdre. La-dessus Mr. le Baron me
fit un récit passionné de toutes les
peines qu'un trop long silence lui
avoit causées, il me dit qu'il s'é-
toit retenu par deux motifs : l'un
étoit la crainte que ses services ne
me parussent interessez, & l'autre
le respect qu'il devoit à son oncle
qui lui tenoit lieu de pere, parce
que n'ayant jamais eu que des
vûës légitimes, il n'auroit osé
me proposer de m'épouser sans son
aveu ;

aveu ; que son oncle étant actuel-
lement Resident pour le Roi de
Suede à Paris, il y avoit déja deux
mois qu'il lui avoit écrit pour me-
nager son consentement ; que quoiqu'il en eût reçû des réponses
honnêtes, elles étoient si peu con-
cluantes qu'il n'avoit osé en prendre droit de me faire encore l'ouverture de ses sentimens ; mais que
le dessein où étoit Madame Doublet de me marier l'avoit si fort
allarmé, qu'il avoit pris la poste
après m'avoit quittée la derniere
fois ; qu'il s'étoit rendu à Paris
avec une diligence extraordinaire ;
qu'il y avoit vû son oncle, &
qu'il en avoit obtenu après beaucoup de difficultez, sinon l'entiere
liberté de m'offrir sa main, du
moins celle de m'ouvrir son cœur
& de travailler à gagner mon estime ; que son oncle avoit été si
touché de la conduite soumise qu'il
avoit tenuë à son égard, qu'il ne
doutoit point d'en obtenir un consentement plus absolu ; que c'é-
toit donc de moi que le succès de
son amour dépendoit, & qu'il attendoit

tendoit de ma bouche en trem-
blant la décifion de fa félicité.

Je fus fi frapée de ce que j'a-
vois entendu, continua Mademoifelle Perry, que je demeurai longtems fans rien répondre. Je trouvai tant de nobleffe & de vraye
grandeur dans tous les p ocedez
de Mr. de Spalding, que toute
occupée d'admiration j'oubliai pour
quelques momens les interêts de
mon cœur. Cet excellent naturel
dans le refpect qu'il portoit à fon
oncle, cette bonté exceffive de
defcendre ainfi jufqu'à moi, cette
franchife à m'expliquer fi naturellement fes difpofitions, tout cela
joint au fouvenir toujours préfent
de fes autres faveurs, fit fur moi
une impreffion que je ne pus pas
foutenir : je me mis à répandre
une abondance de larmes. Trop
généreux ami, lui dis-je, moderez
cet excès de bonté pour une malheureufe qui n'en eft pas digne.
Vous oubliez qui je fuis : fongez
que c'eft cette infortunée que vous
avez rachetée des fers à Marfeil-
les, que vous avez fauvée à Londres

dres de l'extremité de la misere, & qui ne doit se regarder que comme votre servante ou votre esclave. Je ne respire que par vous, & je suis bien éloignée sans doute de vous disputer le moindre droit sur ce qui vous appartient si justement. Mais je dois arrêter cette prodigue effusion de bienfaits lorsque vous n'y mettez pas de bornes. Contentez-vous de m'avoir fait ce que je suis, vous perdriez trop de ce que vous étes en faisant pour moi davantage. Je ne vous desavouerai pas que je suis glorieuse & contente de l'ouverture que vous m'avez faite. Ouï, j'ai souhaité d'être aimée de vous. Votre froideur à la proposition que Madame Doublet vous fit de mon mariage me pénétra d'une vive douleur ; mais je deviens trop heureuse aujourd'hui pour m'en plaindre. Je le suis plus que je ne l'ai souhaité, & ce que je viens d'entendre me suffit pour l'être toute ma vie. Mr. le Baron n'écouta pas mon discours avec tranquilité: Il prétendit que le nom d'excès con-

convenoit moins à ses bienfaits
qu'à ma reconnoissance ; si je l'en
eusse crû je lui aurois accordé
qu'il m'étoit redevable , pour avoir
donné à sa générosité une occasion de s'exercer. Il répondit à
l'objection de l'inégalité par des
raisons que son amour lui firent
paroître très-fortes , & le mien,
car il ne faut plus en faire mistere,
m'empêcha de lui en faire sentir la
foiblesse. Il fut si pressant qu'il
n'eût pas de peine à se faire obeïr
d'un cœur qui étoit depuis longtems tout à lui. J'acceptai les premiers vœux de son amour, & je
lui fis les miens sans autre restric-
tion que celle que la volonté de
son oncle y pourroit mettre. Je
le priai de faire entrer Madame
Doublet dans notre confidence ; elle me tenoit lieu de mere par sa tendresse & par ses soins , je desi-
rois d'être approuvée d'elle , sans
compter le plaisir que je me faisois
de la guérir des injustes soubçons
qu'elle avoit toujours eû de mon
cher bienfaiteur.

Tous les jours qui ont succedé
à

à cet heureux éclaircissement ont été tranquilles & pleins d'agrémens pour moi. Mr. le Baron me combloit des marques de son estime & de son affection, tandis qu'il agissoit fortement auprès de son oncle par des lettres continuelles où il le pressoit de donner le dernier consentement à notre bonheur. Lorsque la saison des eaux fut arrivée il me conseilla de venir les prendre à Tumbridge ; il me loua une maison commode à quelque distance de celle qu'il prit pour lui même. J'en suis peu sortie, mais il m'y est venuë voir souvent, sa vûë me tient lieu de tout. Hier sur les dix heures du soir un inconnu vint frapper à ma porte. Il dit au domestique qui la lui ouvrit qu'ayant à parler à Mr. le Baron de Spalding & l'ayant cherché inutilement à sa maison, son valet l'avoit envoyé chez moi comme au lieu où il se trouvoit le plus ordinairement. J'entendis ce discours de ma chambre, & étant bien assurée que Mr. le Baron ne se retireroit point sans m'avoir sou-

haité

haité le bon soir, je fis dire à cet
étranger qu'il pouvoit l'attendre
chez moi. Il entra. Je le reconnus
pour un Suedois. Je lui demandai
s'il demeuroit en Angleterre. Il
me répondit naturellement qu'il ne
faisoit que d'y arriver, qu'il étoit
l'Intendant de Mr. De...oncle
du Baron de Spalding, & qu'il
avoit à lui parler pour des affaires
d'importance. Madame Doublet
qui s'imagina quelque chose du
sujet de cette députation eût tant
d'impatience d'en avertir Mr. le
Baron, qu'elle se fit conduire elle
même à la salle du bal où elle se
douta qu'il devoit être : elle nous
l'amena. Il reconnût l'Intendant
de son oncle & se retira à l'écart
pour l'entretenir. Un moment
après il revint à nous, les yeux
baignez de larmes. Je suis perdu,
me dit-il, l'esprit de mon oncle
est entierement changé au sujet de
notre mariage. Il me fait dire qu'il
me defend absolument d'y penser.
Sa douleur étoit si vive, que loin
de m'affliger moi-même comme
j'en avois tant de raison, je fis

mes

mes efforts pour le confoler. Je lui répondis que rien du moins ne pouvoit m'ôter fon cœur, que c'étoit l'unique bien dont je fuffe jaloufe ; que fon oncle avoit raifon de s'oppofer à une alliance fi peu proportionnée, que je n'étois que trop heureufe d'en avoir eu pour quelque tems l'efperance, & cent autres chofes de cette nature qui loin de le confoler paroiffoient augmenter fon affliction. Il demanda une plume & de l'encre avant que de retourner chez lui, & il vous pria par un billet, nous dit Mademoifelle Perry ; de paffer à fa maifon pour vous y raconter fon malheur & vous demander confeil comme à fes meilleurs amis. Cependant l'Intendant de fon oncle qui le fuivit, n'eût pas le courage de le voir longtems dans cette violente fituation : il lui découvrit lorfqu'il fut de retour à fa maifon que tout ce qu'il avoit fait par l'ordre de fon oncle n'étoit qu'une feinte & un jeu ; que Mr. le Refident étoit lui-même en Angleterre, qu'il feroit le lende-

main

main à Tumbridge ; qu'il l'avoit
envoyé d'avance pour nous annoncer qu'il ne pouvoit confentir à
notre mariage, mais que l'air dont
il l'avoit chargé de cette commif-
fion & le deffein qu'il avoit de
nous venir voir fans être attendu,
le rendoit prefque certain que fes
intentions ne s'accordoient point a-
vec fes ordres. Ces nouvelles & furtout l'arrivée de Mr. le Refident en
Angleterre firent prendre à Mr. de
Spalding une meilleure opinion de
nos affaires. Il revint fur le champ
à ma maifon après s'être excufé à
vous de fon abfence par un autre
billet qu'il laiffa chez lui. Il me
trouva dans un abbatement incroyable, mais vous vous figurez
aifément qu'il dura peu lorfqu'il
m'eut appris ce qu'il venoit d'entendre. Nous admirâmez le changement infperé de notre fortune,
& je commençai à croire que je
n'étois pas haïe du Ciel, puifqu'il
me deftinoit à une fi parfaite félicité. Mr. le Refident eft arrivé ce
matin. Nous ne l'avons pas plutôt fçû que nous nous fommes
rendus

rendus à la maison qu'il occupe.
Je n'ai pas cru blesser la bienséance en me laissant conduire par celui que je regarde déja comme
mon époux. Il est entré le premier dans la chambre de son oncle. Je suis demeurée dans l'an-
tichambre. Il a plaidé sans doute
éloquemment notre cause ; car
j'ai vû Mr. le Resident venir au
devant de moi un quart d'heure
après, me tendre la main tendrement & me combler des plus honnêtes caresses. Nous serons liez
bientôt, m'a-t-il-dit, par des nœuds
plus étroits que ceux de l'estime ;
je souhaite Madame, que mon
neveu puisse contribuer à votre
bonheur comme il a sçu me per-
suader que vous étes seule capable de faire le sien. Il a desiré néantmoins, ajouta Mademoiselle Perry, que pour prévenir tous les
reproches d'imprudence & de pré-
cipitation nous lui donnions des
preuves de la vérité de notre avanture de Marseille, de l'honnêteté
de ma conduite, & de l'avantage
que j'ai d'être d'une famille qui

tient

tient à quantité de perſonnes de
diſtinction. Il nous eſt ſi aiſé de
le ſatisfaire là-deſſus, que le retar-
dement ne ſçauroit être long : ainſi
nous ſommes à la fin de nos peines, nous dit-elle agréablement,
& ſi Mr. de Spalding eſt auſſi content que moi, il a eu raiſon de
vous dire qu'il l'eſt infiniment.
Elle acheva ainſi ſon hiſtoire nous
y prîmez toute la part que deux ſi
aimables amans méritoient, nous
dinâmes avec eux & nous remi-
mez notre départ au lendemain.

Cependant ſi nous quittâmes
Tumbridge ce fut pour le revoir
bientôt. Étant partis le matin pour
Londres nous nous arretâmes pour
dîner dans un bourg qui eſt environ la moitié du chemin. Nous
vimes arriver en deſcendant à l'au-
berge, un caroſſe à ſix chevaux,
ſuivi de pluſieurs perſonnes à cheval, avec toutes les apparences
d'un équipage de diſtinction. Comme nous étions encore à la porte
nous nous avançâmes pour offrir
la main à deux Dames qui ſorti-
rent du carroſſe & qui n'avoient
point

point d'homme avec elles. L'une étoit déja avancée en âge; nous sçumez que c'étoit la vieille Duchesse de Marlbourough; l'autre étoit sa petite fille Milady Diana Spencer. Nous nous retirames après les avoir conduites civilement à la chambre où elles devoient dîner: mais la Duchesse ayant consideré attentivement le Marquis le trouva sans doute d'une phisionomie agréable. Elle se fit informer qui nous étions; nos valets qui n'avoient point d'ordre de se taire déclarerent le nom & la qualité du Marquis; nous reçûmes aussitôt une députation des Dames pour nous inviter de nous joindre avec elles à dîner. Nous allames les saluer sur le champ. La Duchesse fit mille civilitez au Marquis. Elle lui dit qu'elle avoit connu Mr. le Duc son pere dans un voyage qu'il avoit fait en Angleterre, qu'elle avoit admiré son mérite, & qu'elle étoit charmée de n'en appercevoir pas moins dans le fils. Elle nous demanda si nous allions à Tumbridge, ou si nous en étions

G 5

de

de retour , & elle témoigna du chagrin d'apprendre que nous nous en retournions à Londres. Le Marquis qui étoit d'un caractére sensible & naturel, parût prendre un peu trop de goût à ses caresses. & à ses flatteries. Elle s'en apperçût & en femme habille elle le tourna si bien qu'elle lui fit promettre de reprendre le chemin de Tumbridge avec elle. Je ne fus nullement satisfait de cette résolution, cependant je n'eûs garde de donner au Marquis le déplaisir de se voir contredire en public. Nous montames avec les Dames dans leur carrosse & l'on fut surpris à Tumbridge de nous voir reparoitre au soir sur le Walk. Je ne pus m'empêcher de témoigner mon mécontentement au Marquis & d'appeller notre retour une faute de jeunesse. Il s'excusa sur les instances de la Duchesse & sur la crainte qu'il avoit eû de la desobliger par un refus incivil. Telles sont, lui dis-je, les idées de la plûpart des jeunes gens. Ils s'imaginent que leur honneur est inte-

ressé

reffé à ne refufer rien aux Dames.
De là ce nombre infini de fautes
dans lesquelles ils fe précipitent
par un excès de confideration pour
elles. Je ne condamne point,
continuai-je, une complaifance
raifonnable que leurs charmes s'at-
tirent naturellement, & dont on ne
peut fe difpenfer fans brutalité ;
mais de fe porter aveuglement à
tout ce qu'une femme defire par
la feule raifon qu'elle eft d'un fexe
aimable auquel on craint de déplaire, c'eft une foibleffe qui des-
honore le notre. Il y a des maniéres de refufer qui font perdre
au refus ce qu'il a de dur & d'of-
fençant par lui-même : la politeffe
confifte proprement dans l'art
d'accorder ou de refufer avec grace, car dans la fociété humaine
tous les difcours & toutes les actions fe reduifent prefque à ces
deux chofes. La plûpart fe trom-
pent dans l'idée qu'ils fe forment
d'un homme poli. Ils donnent le
nom de politeffe à la bonne grace
des actions & à la difpofition exterieure du corps & des manieres:

G 6

c'eft

c'est une erreur. L'essence de la politesse consiste dans le sentiment de l'ame & dans les termes par lesquels il s'exprime. Un Paralitique peut être souverainement poli, tandis qu'un maitre à danser ne sera qu'un homme grossier & brutal. Comptez donc, mon cher Marquis, ajoutai-je, qu'avec un tour d'expressions honnête & naturel, vous resisterez si vous voulez aux plus grandes importunitez sans offenser l'importun qui les fait. La Duchesse de Marlb..ne vous a pas forcé de la suivre à Tumbridge ; elle vous a pressé seulement par ses priéres ; c'étoit à vous à lui faire appercevoir civilement plus de force dans les raisons que vous aviez d'y resister, qu'elle ne prétendoit d'en mettre dans ses instances.

Nous eussions été quittes à bon marché, si cette rencontre de la Duchesse n'eût point eu d'autre suite que nôtre retour à Tumbridge ; mais comme elle aime excessivement le jeu, je prévis que le Marquis à qui elle ne permettoit

pas

pas de s'éloigner un moment d'elle s'y laisseroit engager infailliblement ; c'étoit néanmoins une passion vers laquelle je ne lui avois jamais vû de penchant. Je tachai par quelques avis de lui en inspirer de l'horreur ; il se flatoit lui-même d'être assez précautionné contre le danger, cependant il s'y précipita comme j'avois prévû. Il est vrai qu'il fut favorisé d'abord par la fortune : elle ne l'abandonna pas un moment pendant les trois premiers jours. Il n'osa point me communiquer ses succès la premiere fois, car j'avois taché de lui donner autant d'éloignement pour le gain du jeu que pour ses pertes. Je sçus qu'il avoit remporté ce soir là environ cent guinées ; mais en ayant gagné le lendemain plus de cinq cent, le transport de sa joye lui fit trahir son secret. Il entra vers minuit dans ma chambre avec son chapeau plein de guinées, & il le répandit sur le plancher d'un air satisfait. Cinq cens quinze guinées aujourd'hui, dit-il en riant & hier

hier cent douze, c'est si je ne me trompe six cens vingt-sept. Il me regarda ensuite pour attendre ma réponse. J'étois à lire dans ma chaise, je ne levai mes yeux de dessus mon livre que pour lui dire froidement ; vous riez, Monsieur, vous nagez dans la joye, & le malheureux que vous avez dépouillé se livre peut-être à l'heure qu'il est aux blasphémes & au désespoir. Il y auroit peu d'honnêtes gens qui vous enviassent un tel bonheur. Cette courte morale le rendit sérieux. Il ramassa néanmoins son argent, & s'étant approché de moi il me dit qu'il n'avoit pû trouver de bonnes raisons pour se dispenser de jouer, que la Duchesse de M. & toute la compagnie l'en avoit prié, qu'il avoit crû devoir se rendre par honneur autant que p[ou]r complaisance. Je sçai, lui dis-je, qu'il y a des occasions dans lesquels un homme tel que vous ne peut se déffendre de lier une partie de jeu. L'usage le demande, & l'usage est quelquefois le tyran de la sagesse ; mais il me sem-

semble qu'il y a des régles en
jouant dont un honnête homme
ne s'écarte jamais. La premiére
& la plus nécessaire est de sçavoir
se borner dans le gain comme dans
la perte. Il est également contraire aux loix du devoir de perdre
& de gagner trop. Une perte excessive altére votre fortune & votre humeur ; un gain immoderé
fait le même tort à celui qui perd
en jouant contre vous. Le jeu
est un exercice cruel : il blesse é-
galement le victorieux & le vaincu ; l'un par le mal qu'il cause,
& l'autre par celui qu'il reçoit.
Une seconde régle qui ne convient
guéres moins au caractére d'un
honnête homme, c'est l'égalité d'a-
me dans les faveurs & dans les
disgraces de la fortune. Un joueur
qui ne se possede plus après avoir
perdu ou gagné cinq-cens guinées m'inspire du mépris : sa lache-
té me fait pitié. Il estime donc u-
ne somme d'argent plus que son
repos & son honneur. Il l'aimoit
donc avec toutes les ardeurs de
l'avarice, puisqu'il devient furieux

après

après l'avoir perduë ; ou bien il
la desiroit avec une avidité criminelle, puisqu'il ressent cette joye
déreglée de l'avoir acquise. Le
Marquis gagna encore le lendemain une somme considérable. Il
m'en parla le soir avec plus de
modération qu'il n'avoit fait la
veille, mais son bonheur expira
avec ce jour-là, car il perdit les
jours suivans tout ce qu'il a-
voit gagné. Quoiqu'il parût peu
touché de sa perte, je m'apperçus
qu'elle avoit refroidi son ardeur
pour le jeu. Il me proposa même de quitter Tumbridge pour é-
viter de perdre d'avantage. J'en
pris occasion de lui reprocher que
c'étoit donc le gain qui l'avoit attaché, puisqu'il perdoit le courage avec la fortune. Non, Monsieur, lui dis-je ; il faut demeurer encore quelques jours à Tumbridge & continuer de jouër,
comme vous avez fait jusqu'ici ;
mais il faut que vous vous souve-
niez en même tems des deux régles que je vous ai données pour
le jeu, & que vous tachiez de les
pra-

pratiquer. C'eſt ainſi que vos fautes mêmes pourront tourner à votre utilité. La fortune ne lui fut pas plus favorable les autres jours ; il perdit environ cent cinquante guinées ; mais je crus qu'il avoit gagné beaucoup par l'impreſſion que cette avanture fit ſur lui. Nous vimes peu Mr. le Baron de Spalding & Mlle. Perry. Ils partirent pour Londres deux jours après notre retour à Tumbridge. Nous eumes le plaiſir de les rejoindre & de les trouver mariez ſix ſemaines après, lorſque nous eumes fini un petit voyage que je jugeai à propos de faire faire au Marquis. Nous les retrouvames plus heureux que jamais, comme je le rapporterai plus bas, par de nouveaux avantages dont le ciel recompenſa leur vertu.

L.I.

LIVRE SECOND.

LE voyage dont je parle fut celui de quelques Provinces d'Angleterre. Il ne suffisoit pas pour prendre une parfaite connoissance des Anglois de les avoir vûs dans leur capitale ; nous visitames toutes les parties meridionales de l'isle en commençant par Rye. C'est un petit port qui n'a rien de considérable que de servir de passage à ceux qui veulent arriver en France par Dieppe. Nous vimes de là les débris de Winchelsei qui en est à deux lieuës. Cette ville qui n'est plus aujourd'hui qu'un tas de mazures paroît avoir été autrefois considerable. Le pavé des anciennes ruës subsiste encore. Elles étoient regulieres & fort longues. Nous allames le même jour à Battel. Ce lieu est célebre en Angleterre par la victoire qui assura la conquête de cette isle à

Guil-

Guillaume le Conquerant. Il y éleva une Abbaïe dont tous les bâtimens sont encore entiers & servent de demeure à un gentilhomme. Tel a été le sort de tous les Monasteres après la Réformation. Nous parcourumes ensuite les côtes de la mer, qui sont charmantes dans cette partie de la Province de Suffex. Hasting, Born, Lewis, sont de petites villes agréables & bien peuplées. On nous fit remarquer sur les Dunes de Suffex le grand nombre & la beauté des moutons qui s'y engraissent d'une herbe excellente & qui passent pour les plus délicats d'Angleterre. On prend sur les mêmes Dunes aux environs de Born une espece d'oiseaux que les Anglois appellent *Whitear*, qui ne le cedent en rien à nos Ortolans. La maniére de les prendre est singuliére. Ces oiseaux qui voltigent en grand nombre sur les Dunes, craignent la vûë des nuées, sur tout dans les beaux jours; & lorsqu'ils apperçoivent la moindre diminution de lumiére par le

paſ-

paſſage d'une nuée au deſſus de
leurs têtes, ils ſe cachent dans les
premiers trous qu'ils rencontrent.
Les Bergers font exprés des trous
qu'on voit à chaque pas & par le
moyen d'un lacet qu'ils mettent
à l'entrée, ils prennent une multitude de ces petites bêtes. Chicheſter eſt une ville Episcopale. La
Cathedrale eſt belle & pleine d'anciennes tombes & de monumens,
tels que nous en vîmes dans la
ſuite un grand nombre à Salisbury, à Wells, à Briſtol & dans la
plûpart des villes d'Angleterre;
mais les deſcriptions ſeroient en-
nuyeuſes, & par conſéquent peu
convenables à ces Mémoires. Je
n'ai pas même deſſein d'entrer dans
le détail de toutes les Villes qui
nous viſitames. Ce pourroit être
la matiére d'un ouvrage particulier, ſi le peu de tems qui me reſte
à vivre me permet de l'entreprendre.

Nous vimes à Chicheſter la belle maiſon de l'Evêque. Ce Prélat
qui ſe nomme Mr. Edouard Wa-
dington nous ayant apperçus dans
ſa

fa cour, s'empreffa de nous venir montrer lui-même fes appar-
temens & fes jardins, & lorfque
nous nous préparions à le quitter, il nous engagea par fes inftances à dîner avec lui. Nous
eumes à table la compagnie de
fon époufe & de fes filles, qui
nous parurent d'une fageffe & d'u-
ne modeftie dignes du fang Epif-
copal. Pour lui c'eft fon mérite qui l'a élevé à cette dignité.
On m'a dit qu'il en eft de même
de tous les autres Evêques de l'E-
glife Anglicanne, la brigue & a
faveur ont peu de part aux Elec-
tions, le Roi fe fait un honneur de
choifir les fujets les plus dignes,
fans égard pour la naiffance: de
forte que les dignitez éclefiaftiques
font toujours la recompenfe de la
doctrine & de la vertu. Cette
conduite des Anglois n'eft pas i-
mitée par tous leurs voifins.

Standftead & Goodwood font
deux belles maifons que nous vi-
fitames entre Chichefter & Porf-
mouth. La premiére appartient à
Mylord Scarboroug, & l'autre au

Duc

Duc de Richemond. Les Seigneurs Anglois ont moins de magnificence dans leurs hôtels de Londres que dans ce qu'ils appellent leurs *Country Seats*, c'est-à-dire leurs maisons de Province. Elles sont ordinairement dans leur principale terre , ils n'épargnent rien pour les embellir. Nous en vimes un grand nombre dans notre voyage, telles que celle de Mylord Pembrok à Wilton proche de Salisbury , celle de Mylord Leyminton à Down Hasband proche de. . . . celles du Duc de Bolton à Hackwood proche de Basinstok , de Mylord Weymouth à Longlate proche de. . . . du Duc de Beaufort à Badminton auprès de Bath , & une infinité d'autres soit aux environs de Londres soit dans les Provinces écartées. C'est là qu'ils se retirent dans la belle saison , ou lorsqu'il leur arrive d'être las ou mécontens de la Cour. Les particuliers mêmes qui s'enrichissent, comme rien n'est plus commun en Angleterre , tâchent d'acquerir un bien de campagne pour y bâtir une

une maison qu'ils appellent leur *Seat* & leur *Estate*. Le fond de leurs revenus consiste en actions dans les diverses Compagnies de commerce ; de sorte que vous y voyez un nombre infini de personnes qui sont riches, de cinq, six, & sept mille livres sterling de rente ou davantage, & qui ne possedent pas un pied de terre hors l'enceinte de leur maison de campagne. Les Parcs des Seigneurs sont vastes pour l'ordinaire, mais ils ne les environnent point de murs de briques ou d'autres pierres comme c'est l'usage en France : ce ne sont que des palissades qui suffisent à peine pour arrêter le gibier. Les bêtes fauves y foisonnent, sur tout les Biches, les Cerfs, & les Chevreuils ; on les engraisse avec soin, & soit le climat du païs, soit la nourriture qu'on leur fait prendre, elles y sont d'un goût excellent. Aussi les mange-t-on plus communement qu'en France, ou cette sorte de viande est fade, & ne peut-être mangée qu'avec beaucoup d'assaisonnemens.

Nous

Nous continuames nôtre route vers Porsmouth ; c'est un des principaux ports d'Angleterre , qui n'est séparé de l'Isle de Wigh que par un détroit de deux lieües, & l'espace qui est entre deux forme une vaste retraite pour les vaisseaux. Nous passâmes à Southampton & de là à Winchester & à Salisbury. Les deux dernieres villes nous arrêterent quelques jours. Nous vimes à Winchester un magnifique château commencé par le Roi Charles II. & demeuré imparfait. On nous montra dans une grande salle qui est voisine & qui sert aux assemblées de justice, la célèbre table qui donna le nom à l'Ordre des anciens Chevaliers de la table ronde. Je ne pus avoir d'autre preuve de la réalité de ce fait que la tradition populaire. La table est ronde comme le porte son nom : elle est cloüée contre le mur quoiqu'elle soit grande & pesante. On lit dessus au long des bords , différens noms en vieux caracteres , qu'on prétend être ceux des premiers Chevaliers. Winches-

chester est une assez jolie ville.
Quoiqu'il semble en sortant de
Londres qu'on ne doive point s'attendre à voir ailleurs d'aussi charmantes femmes que celles qu'on
a vû dans cette capitale, on est
surpris de ne pas trouver une seule petite ville de province qui n'en
présente un grand nombre. La
politesse même & le bon goût des
choses ne sont pas des vertus é-
trangeres dans ces lieux éloignez.
Il y a des assemblées de danse &
de jeu où tous les honnêtes gens
se rendent régulierement à certains
jours. Nous y assistames à Winchester : on nous y reçût avec
mille égards de civilité. Nous é-
prouvames la même chose dans
toutes les villes de quelque nom
pendant le reste de notre voyage.
Salisbury est plus grand que Winchester. On nous y fit remarquer
beaucoup de restes curieux de l'an-
tiquité. Wilton qui est la maison
de Mylord Pembrok dont j'ai déjà
parlé, en pourroit fournir seul un
volume. C'est une des plus cu-
rieuses collections de marbres, de

ftatues antiques & de peintures, que j'aie vû dans tous mes voyages. Blandfort & Dorchefter font deux bonnes villes. Nous vimes à deux mille de celle-ci un ancien Amphitéatre des Romains qui s'eft fort bien confervé. Un peu plus loin fur le haut d'une montagne eft un refte de camp Romain que le peuple du païs nomme *Maiden Caftel.* Il s'en trouve de femblables en plufieurs endroits d'Angleterre. L'on prétend même que toutes les villes, dont les noms finiffent en *Chefter* comme *Dorchefter*, *Winchefter*, &c. tirent de là leur origine, le mot de *Chefter* venant affez naturellement de *Caftrum.* On voit encore aux environs de *Dorchefter* une quantité de tombeaux fur lefquels on ne s'accorde point; les uns prétendent qu'ils font Romains; les autres, Saxons ou Danois; ce font de grands tas de terre, dont la figure eft ronde, & qui font à peu de diftance les uns des autres. On en a ouvert plufieurs en différens tems; on y a trouvé des offemens & quelquefois

fois des armes. Les Anglois les appellent Barrows. Comme l'Angleterre a été dans tous les tems un théatre de guerrres-sanglantes, il y a peu de campagnes où l'on ne trouve des monumens de camps & de batailles. Weymouth qui est un petit port de mer n'étant qu'à quatre ou cinq milles, nous y allames pour passer de là dans l'Isle de Portland. Le corps de l'Isle est éloigné de la côte environ trois milles : elle est extrémement haute & escarpée de tous côtez, excepté vers l'Angleterre, où elle s'abbaisse assez pour former une petite plaine. On aborde là dans une miserable ville composée de cent maisons pauvres & mal bâties. Un peu plus haut sur le penchant de la montagne est un petit village qui contient vingt maisons: toutes les autres parties de l'Isle sont désertes: elle a sept mille de tour. Il n'y a ni arbres ni buissons, mais elle est couverte d'herbe semblable à celle des Dunes de Sussex. Comme la seule propriété du lieu est de produire les plus bel-

les

les pierres d'Angleterre, il y a quantité de carrieres où l'on travaille sans cesse. Elles se tirent au profit des propriétaires, excepté que le Roi prend trois sols sur chaque tonne. Il a lui-même une carriére qu'on appelle King's Carrer, ou la carriere du Roi. Il faut pénétrer différentes couches de mauvaises pierres pour parvenir jusqu'aux plus belles. Nous y trouvâmes quantité de coquillages pétrifiez. Al'oüest de l'Isle est une maison avec deux tours sur lesquels on allume la nuit des flambeaux, pour la sureté des vaisseaux qui ne peuvent s'en approcher sans périr.

Je crains de devenir ennuyeux par un recit si exact. Nous nous rendimes à Excester par Abbotsbury Bridport, Asminster, & Hunnyton : Excester est une des meilleures villes d'Angleterre. Elle est grande, belle & bien peuplée. Le commerce y est florissant, quoiqu'elle soit à quelque distance de la mer, la riviere qui y passe est assez forte pour porter de larges
bar-

barques jusqu'à Topsham qui n'est éloigné que de cinq milles & où les vaisseaux peuvent aborder. Nous visitâmes toutes les manufactures & les curiositez de Topsham & d'Exester, & après nous être un peu répandus dans la campagne pour y voir le château de Poderam & quelques autres belles maisons, nous primes le chemin de Plymouth par Newton, Bushel & par Totneff. Cette derniere place nous plût extrémement par la netteté de ses ruës & la propreté de ses maisons, qui sont toutes couvertes d'ardoises. Nous arrivâmes enfin à Plymouth.

Ce fameux port est à l'extrémité de Devonshire : nous n'eumes pas besoin de moins de huit jours pour en observer les diverses beautez. La ville en elle-même n'a rien d'extraordinaire, mais ses trois ports, sa citadelle, ses magasins, ses arsenaux, le Dok ; c'est-à-dire, le lieu où se construisent les vaisseaux, le quartier des officiers de mer &c. sont autant de choses qui méritent l'attention des voyageurs.

H 3

geurs. Il y a auprès de Plymouth
une ville nommée *Stanehouse* qui
n'est peuplée que de pauvres François Réfugiez. Ils y vivent doucement par la genérosité d'un gentilhomme anglois nommé Mr.
Hedgecombe à qui ce lieu appartient. Il n'exige presque rien d'eux
pour le loyer des maisons, & l'on
m'a dit qu'il les soulage par ses continuelles liberalitez. Sa maison
n'en est point éloignée : elle est
dans une des plus belles situations
d'Angleterre. Nous allames à l'af-
semblée & au bal à Plymouth, comme nous avions fait dans toutes
les autres villes. Nous y trou-
vions par tout les mêmes coûtu-
mes; car il y a beaucoup d'uniformi-
té dans les maniéres des Anglois.

Il nous restoit à parcourir la
Province de Cornwall, pour avoir
pénétré jusqu'aufond de cette partie occidentalle de l'Angleterre.
Le Marquis ne paroissoit pas dif-
posé à aller plus loin. Il me pref-
soit même souvent de reprendre la
route de Londres; & quoiqu'il ne
m'en apportât nulle raison, je de-
cou-

couvrois aisément celle qui lui faisoit souhaiter notre retour. L'image de ma niéce le suivoit sans cesse. Les plaisirs du Tumbridge & les distractions de voyage l'avoient si peu guéri, qu'il n'en étoit ni moins rêveur ni moins melancolique. Je parle du moins des momens où il étoit seul, car il prenoit assez sur lui-même pour éviter de paroître triste en public; mais à moi qui le connoissois par une si longue habitude, il ne m'échappoit rien de ses moindres mouvemens & j'appercevois sa tristesse à la violence même qu'il se faisoit pour la déguiser. Cependant j'affectois de le croire tranquille; toute mon attention étoit à le tenir sans cesse occupé, soit de plaisir, soit de lectures, & de conversations. Je le pressai si fortement d'entrer en Cornwall qu'il ne put refuser de me suivre. Nous en visitâmes toutes les parties en commençant par Loo jusqu'à Truro, Falmouth & Landsend. C'est un païs qui n'a rien de la beauté des autres Provinces d'Angleter-

H 4

re;

re; fes mines de cuivre & d'étain font le feul avantage qu'il ait de la nature : on fçait qu'elles fourniffent le plus bel étain de l'Europe. Nous defcendimes dans plufieurs mines pour en admirer les richeffes. L'étain dans la mine n'a rien qui frappe extraordinairement. Ce font des pierres communes, à peu près de la couleur de nos pierres à detacher les habits : mais les mines de cuivre, fur tout celles que nous vimes auprès de Tariftock nous cauferent de l'admiration. Les veines du métal étoient auffi brillantes que l'or, & fembloient n'avoir pas befoin d'être fondues pour devenir plus pures. Nous ne nous laffions point d'obferver ces ouvrages de la nature ; & pour me fervir des termes de Mr. de Fontenelle, nous fumes charmez de la prendre ainfi fur le fait. Nous revinmes par *Leftidel & Killington*, d'où nous primes notre chemin vers *Sommerfetshire* par Tawiftok, Lidfort, Bidifort, & Barneftable qui eft une des plus agréables villes du païs. Nous conti-

nuatinuames de voir Taunton, Bridgewater, Wells, & Glaſſembury, & nous nous rendimes enfin à Briſtol. Le lecteur s'apperçoit bien que j'omets à deſſein les remarques que nous fimes dans toutes les villes que je viens de nommer. Elles ne ſatisferoient que des Antiquaires : mais je ne puis m'empêcher de marquer ici quelque étonnement de ce qu'un païs ſi agréable & ſi rempli de choſes curieuſes eſt négligé par les voyageurs.

Il tardoit extrémement au Marquis d'être arrivé à Briſtol, parceque c'étoit nous rapprocher de Londres. Son impatience & ſes agitations me touchoient de pitié. Enfin malgré la reſolution que j'avois priſe de ne pas lui parler de ſa triſteſſe, je lui dis un jour ; qu'avez-vous donc ? Pourquoi cette humeur ſombre qui vous rend ſi différent de vous-même ; vous n'agiriez pas avec moi plus froidement & avec plus de reſerve ſi j'étois un inconnu, ou du moins un homme qui vous fût indifférent. Il me répondit ſur le champ, & d'un ton

qui

qui me fit juger que sa réponse é-
toit préparée ; en verité , Monsieur , vôtre étonnement m'en cause plus que je ne sçaurois dire.
Vous me demandez ce qui me rend
triste , comme si vous pouviez l'ignorer ; mais je consens à vous
l'apprendre puisque vous faites semblant de ne le pas sçavoir. J'ai
deux raisons d'être triste , qui sont
bien justes : l'une est le doute où je
suis de la santé de Memiscez pour
qui vous sçavez que j'ai la plus
tendre amitié ; l'autre qui ne
m'afflige guéres moins est vôtre
propre indifférence pour l'état où
il peut être. Je ne reconnois point
là cette bonté d'ame que vous
m'avez tant prêchée , & je ne vois
pas trop bien le fond que je puis
faire sur vos assurances d'amitié,
lorsque vous en manquez pour vôtre propre neveu. Le Marquis a-
voit assurément dessein de m'em-
barasser par ce reproche. Je le reconnus à son air ; mais il fut fort
surpris de voir sa harangue produire un effet tout contraire. Effectivement je la trouvai si aimable

&

& si bien tournée, que je ne pus
m'empêcher de l'embrasser aussi-
tôt. Je lui dis d'un visage riant
que quelque injustes & quelque
mal fondées que fussent les deux
causes de sa tristesse, j'avois trouvé
beaucoup de plaisir à les entendre;
qu'elles étoient pour moi une nouvelle preuve de la bonté de son
naturel, & qu'elles méritoient bien
que je prisse la peine de me justifier : qu'il devoit donc être sans
inquiétude pour Memiscez, parcequ'il étoit sans doute hors de danger; que la raison que j'avois de
le croire me disculpoit de l'indifférence dont il m'accusoit ; que
c'étoit le soin que j'avois eu d'é-
crire à ma fille avant mon départ
de Londres, pour la prier de me
donner de ses nouvelles au moindre péril de Memiscez, & l'ordre
que j'avois laissé à Scoti qui étoit
demeuré à Londres avec le gros
de notre bagage, de m'envoyer sur
le champ toutes les lettres qu'il
recevroit pour moi ; que lui ayant
écrit de tems en tems pour lui apprendre les villes où nous devions

H 6

pas-

paſſer , j'aurois reçu infailliblement des nouvelles de lui s'il en avoit eu à m'envoyer. Vous voyez donc lui dis-je , que je ne ſuis pas coupable & que vous l'étes un peu de m'avoir accuſé , nous fimes la paix aiſément. Il devint tranquille ſur ma parole & je le vis reprendre la gayeté ordinaire de ſon humeur.

Mais par une bizarrerie incroiable de mon étoile, ſa joye devint la cauſe de ma triſteſſe, ou pour m'exprimer plus juſte, elle me fit appercevoir que j'étois moins tranquille que je ne croyois l'être. J'avois jugé de moi juſqu'alors par comparaiſon. La mélancolie du Marquis aïant paru depuis notre départ de Londres plus viſiblement que la mienne, je m'étois flatté d'avoir retrouvé mon repos, ſur cette ſeule raiſon qu'il ne paroiſſoit pas que je fuſſe auſſi troublé que lui. Cependant lorſqu'il eût repris ſon humeur enjouée & ſes maniéres badines , je ne ſentis que trop par l'impoſſibilité où j'étois d'y prendre goût , que mon

cœur

cœur n'étoit pas encore remis de
ses agitations. Je recommençai à
juger de son état par une triste
comparaison de mon abbatement
avec la nouvelle vivacité du Marquis. La honte d'appercevoir cette continuation de ma foiblesse redoubla encore mon affliction. Je
devins morne & pensif jusqu'à en
perdre l'appetit. Le Marquis ne
tarda point à le remarquer. Il
m'en fit la guerre à son tour ; mais
voyant que j'étois trop sérieux
pour gouter une raillerie, il s'em-
ploia avec toute la tendresse de
son cœur pour me consoler. Il
fit mille efforts pour tirer de moi
le secret de mes douleurs. S'il
eût été d'un autre âge je n'aurois
pas balancé à lui faire cette confidence, car rien n'est si violent que
d'être affligé sans oser communiquer ses peines. Sa jeunesse, mon â-
ge, & plus encore la pensée que
j'aurois peut-être à combattre un
jour son inclination pour ma niè-
ce, me défendirent contre toutes
ses instances. J'eus recours à mes
armes ordinaires, c'est-à-dire, à

 mes

mes réflexions au souvenir de mon
épouse & à tous les lieux com-
muns de l'honneur & de la vertu.

Nous demeurames peu de jours
à Bristol, pendant lesquels je ne lais-
sai pas de prendre une belle idée
de cette ville. Elle tient le premier rang en Angleterre après Londres. Je ne la trouvai guéres moins
grande que Roüen. Le commerce
y est florissant ; elle n'a pas néanmoins la commodité d'une grande riviere. Celle qui y coule se dé-
charge à deux ou trois milles de
là dans la Saverne ; & quoiqu'elle
puisse recevoir des vaisseaux de cinq
ou six cens tonneaux avec la marée, ils demeurent presque à sec
lorsque la mer se retire. Les ruës
de Bristol sont belles, sa grande
place qu'on appelle Queen square
est magnifique. La salle publique
des Marchands est une des plus
belles choses que j'aie vû en ce
genre : l'inscription qui est sur le
frontispice m'a paru exprimer heureusement de quelle source part
l'ardeur infatigable des Marchands.
Elle est prise de la premiére Ode
d'Horace. La Voici.

In-

Indocilis pauperiem pati.

Il y a aux environs de Bristol de fort belles maisons de campagne que nous n'oubliâmes pas de visiter, non plus que le puits d'eau chaude & minerale qui est dans un fauxbourg de la ville, & qui commençoit alors à s'accrediter. Il n'y a pas d'apparence néanmoins que ce puits atteigne jamais à la réputation de ceux de Bath, où nous allâmes en sortant de Bristol. Bath n'en est éloigné que de dix ou douze milles. C'est une petite ville si l'on ne considere que l'étendue de ses murs, mais quand on a observé le nombre de ses habitans & sur tout celui des personnes du dehors qui viennent y prendre les eaux dans toutes les saisons, on la regarde comme une des plus agréa- & des plus belles villes d'Angleterre. On y comptoit au tems que nous y arrivâmes environ huit mille étrangers. Les maisons s'y loüent comme à Tumbridge, c'est-à-dire cherement ; l'on y garde

aussi

auffi à peu près le même ordre
dans les promenades, le jeu, le
tems des repas, les fpectacles &
les bals. Plufieurs perfonnes de
qualité nous demanderent lequel
nous goutions plus de Bath ou de
Tumbridge. Je ne balançai point
à me déclarer pour Tumbridge.
Il y a peut-être plus de magnificence & plus de commodité à Bath,
mais rien n'égale à mon gré la
gayeté & les agrémens de Tumbridge.

Notre deffein étant affez bien
rempli par le long tour que nous
venions de faire, nous ne penfa-
mes plus qu'à nous raprocher de
Londres. Nous ne tinmes pas néanmoins de route affurée, nous in-
formant à chaque pas de ce qu'il
y avoit de rare & de curieux à droite & à gauche. Nous ne manqua-
mes point de vifiter la fameufe U-
niverfité d'Oxford, & contre l'ordinaire des voyageurs nous trouvames après l'avoir vûe, qu'elle
furpaffoit l'idée qu'on nous en a-
voit fait prendre à Londres, quoiqu'elle eût fuffi pour exciter notre

tre curiosité. Rien n'approche en effet de la beauté, de l'ordre, & du revenu de ses Colleges. C'est là que les muses ne se plaignent point de la pauvreté ; mais j'ai remarqué que ce n'est peut-être pas un avantage pour Oxford, qu'elles y soient si fort à leur aise. Elles s'endorment dans l'abondance ; je veux dire que parmi tant de personnes qui ont de riches prébendes dans les Colleges, il y en a très peu qui s'appliquent à l'étude. Les bons livres qui nous viennent d'Angleterre sortent rarement d'Oxford : ils viennent de Londres, & quoique ceux qui les composent ayent pour la plûpart quelque degré dans cette Université, ils ne sont point du nombre de ceux qui sont payez largement pour y faire leur résidence.

Il nous restoit à voir auprès d'Oxford la belle maison du Duc de Marlborough qu'on appelle *Blenheim*, du nom de la bataille d'Hocstet ou de Blenheim qui lui acquit tant de gloire. C'est une des plus belles maisons de l'Europe. Elle

fut

fut bâtie aux frais du Public par un ordre particulier du Parlement, qui voulut éternifer la reconnoif-fance de la patrie pour les servi-ces de ce grand Général. De Blenheim nous reprimes par Wind-for, c'eft une maifon royale. Nous n'oubliâmes point Hamptoncourt ni Kenfington, ni quantité d'au-tres belles maifons. Il s'en pré-fenta de tous côtez fur la route; enfin nous revimes les tours de Londres après un voyage de deux mois, où nous avions gouté beau-coup de fatisfaction. Comme nous avions toujours été dans nôtre chaife, nous nous trouvâmes fi peu fatiguez, que le lendemain nous fumes en état de paroître en Pu-blic. Nous rendimes vifite à tous nos amis, & nous nous fimes in-former de tout ce qui étoit arri-vé à Londres pendant notre ab-fence.

La paix n'y regnoit pas encore. La Cour, le Parlement, & le Peu-ple avoit leurs inquiétudes : on continuoit de craindre à la Cour les fuites de la revolte d'Ecoffe.

Les

Les Comtes de Marshall & Southesk s'y étoient rendus plus redoutables que jamais par la jonction
de toutes leurs troupes. On apprenoit tous les jours qu'ils fai-
soient de nouveaux progrez, & que
partie par force, partie par adresse,
ils avoient enlevé quantité de places aux troupes Royales. Le Parlement étoit divisé sur un point
qui paroissoit d'une importance générale pour toute la nation : il s'a-
gissoit de la durée de leurs Assemblées. Les uns vouloient qu'elles fussent septennales, d'autres en
plus grand nombre & suivant l'o-
pinion commune Jacobites en secret, demandoient qu'elles conti-
nuassent d'être triennales. La chaleur avec laquelle on prenoit parti pour & contre faisoit craindre
un éclat dangereux. On ne se
ménageoit ni dans les termes ni
dans les actions, & plusieurs Seigneurs s'étoient expliquez si brus-
quement en pleine Chambre, qu'on
ne pouvoit bien juger de leurs intentions secretes. Le peuple de
son côte se livroit à toutes les al-
lar-

larmes que les divisions des Grands ne manquent point de causer à la multitude. Le parti des Jacobites étoit si fort à Londres, qu'ils s'assembloient quelquefois dans les rues en grand nombre, & dans un transport de zéle pour le Prétendant, ils crioient vive la haute Eglise, le Duc d'Ormond, & le légitime héritier de la couronne. On envoyoit inutilement des gardes pour les dissiper ; ils s'appercevoient assez que le Gouvernement les ménageoit, & cette opinion les rendoit plus téméraires. Je ne doute point que s'ils eussent trouvé un chef résolu, ils n'eussent jetté la Cour dans un extréme embarras. Nous fumes témoins de leur hardiesse dans une entreprise fort difficile. Le Brigadier Makinstot étoit renfermé dans la Tour de Londres avec un grand nombre d'autres rebelles, qui avoient été pris en Ecosse, & à Preston. Leurs amis ayant appris qu'ils devoient être jugez au prémier jour, résolurent de tout entreprendre pour les délivrer. Ils gagnerent

pour

pour cela deux sentinelles qui promirent de favoriser leur évasion, moyennant la somme de cinq cens guinées, dont ils reçurent une partie par avance. Mais ces traitres en avertirent la veille le Secretaire d'Etat. La garde de la Tour fut changée & rédoublée ; & pour finir cette affaire, on résolut de proceder le lendemain au jugement des criminels. Les partisans de Mackinstot voyant qu'il n'y avoit plus de tems à perdre, prirent une résolution désesperée. Ils s'attrouperent pendant la nuit aux environs de la Tour : on n'a pas sçu comment ils avoient communiqué leur dessein aux prisonniers assez juste pour agir de concert ; mais sur les onze heures du soir le Geolier étant allé trouver le Brigadier Mackinstoit & les principaux qui mangeoient avec lui dans une salle basse, pour les faire retirer chacun dans leur chambre, ils se saisirent de lui & de son domestique qui avoit les clefs ; ils blesserent même ce dernier & lui aïant enlevé ses clefs ils allerent

ou-

ouvrir les portes à quarante autres prifonniers, les exhortant à fe fauver & à fe deffendre. Le Brigadier ouvrit enfuite la porte de la rüe, força la garde avec le fecours de ceux qui étoient aux environs pour le foutenir, & s'enfuit avec quatorze de fes complices. Les quarante profiterent mal de cette occafion de liberté. Ils n'avoient pas été prévenus fur ce qui devoit arriver. L'incertitude de ce qu'ils avoient à faire les ayant arrêtez un moment pour déliberer, un Guichetier eut la préfence d'efprit de fermer la porte en dedans, pendant que Makinftot & fes compagnons étoient aux mains dehors avec les gardes. J'ai dit que nous fumes témoins de cet evenement, parcequ'ayant été invitez à fouper par un de nos amis qui demeuroit auprès de Tower-hill nous vimes le combat des fenêtres de fa maifon. Un autre chef des rebelles nommé Mr. Forfter s'étoit auffi fauvé quelques jours auparavant des prifons de Newgate. Cependant tous ces troubles s'appaiferent environ

viron trois semaines après par les nouvelles inesperées qu'on apporta d'Ecosse Le Colonel Cholmdley venant d'Edimboug assura que la rebellion tendoit à sa fin, qu'un grand nombre de Gentilhommes Ecossois revoltez s'étoient embarquez pour passer en Suede, & que les chefs même se voyant sans ressource parce qu'ils manquoient de vivres & de munitions de guerre, avoient pris la route de France sur un vaisseau parti des isles de l'Oüest. En effet on reçût au bout de quelques jours des avis certains que les Comtes Marshall & de Southesk, le Marquis de Tullibardine, le Vicomte de Kilsiek & environ trente autres chefs des rebelles avoient mis pied à terre sur les côtes de France. Toute la ville de Londres rentra dans l'ordre à cette nouvelle: on n'y entendit plus parler de différence de parti. Nous admirames le genie de la populace Angloise, que le moindre evenement souleve ou rend tranquille. Le Roi ayant communiqué à son Parlement le

des-

deſſein qu'il avoit de profiter de cette tranquilité pour faire un voya-ge dans ſes Etats d'Allemagne, nous primes la réſolution de quitter auſſi l'Angleterre au tems de ſon départ.

Entre les amis que nous avions vû depuis notre retour à Londres, on s'imagine bien que nous n'avions pas oublié Mr. & Madame de Spalding. Ils s'étoient mariez après avoir donné à Mr. le Reſident la ſatisfaction qu'il avoit exigé. Pour lui il étoit retourné à Paris immediatement après le mariage : ce qui l'avoit privé dela vûë d'un évenement des plus agréables & des plus avantageux pour ſon neveu. Ce fut Mr. de Spalding qui nous le raconta en préſence de ſon épouſe dès le premier moment de notre viſite. C'eſt la coûtume de Londres d'annoncer dans les nouvelles publiques le mariage de toutes les perſonnes qui ſont au-deſſus du commun. Le Gazetier ne conſulte pas même là-deſſus les parties interreſſées. Il eſt informé ſans doute par les

Mi-

Ministres de chaque parroisse de ce qui doit se faire dans leurs Eglises. Le mariage de Mr. le Baron de Spalding fit donc un Article de la gazette, & non seulement on y ajouta le nom de son épouse, mais encore son avanture de Marseille, & la plûpart des circonstances de son bonheur. Mr. Perry, pere de cette dame, n'étoit pas mort comme tout le monde l'avoit crû. Il étoit à Londres depuis plus de dix ans, c'est-à-dire, environ depuis le tems de son infortune de Marseille. Ayant été blessé & laissé pour mort par le Corsaire, il avoit trouvé de la compassion dans un matelot à l'aide d'une somme d'argent qu'il lui avoit mis entre les mains, & s'étant adroitement caché par son secours il avoit évité la mort & la captivité. Il s'étoit fait guérir ensuite secrettement à Marseille. Sa femme & sa fille étoient pendant ce tems-là au pouvoir du Corsaire, qui en usa généreusement avec elles. Mr Perry se procura le moyen de voir son épouse; mais

étant depourvû de tout il ne put
rien entreprendre pour sa liberté.
Comme sa situation n'étoit pas
tout à fait malheureuse dans la
maison du Corsaire, il convint a-
vec elle qu'il l'y laisseroit sous la
protection de la providence & qu'il
retourneroit en Angleterre pour
y trouver du remede à sa misere.
Sa fille étoit trop jeune pour ê-
tre mise dans le secret. Il étoit
donc venu à Londres, car il n'a-
voit garde de reparoitre dans cet
état à Bristol; il y avoit changé
de nom & s'étant bientôt fait connoitre de quelques Marchands par
la grande intelligence qu'il avoit
du Commerce, il avoit trouvé si
heureusement à s'employer en qualité de Facteur & de Commissio-
naire, qu'en peu d'années il se vit
dans les mains des sommes con-
sidérables. Il profita habilement
de ce commencement de fortune:
en un mot il n'aquit gueres moins
de richesses en dix ans qu'il n'en
avoit perdu par tous ses malheurs.
L'unique reproche dont on pouvoit le charger étoit d'avoir laissé
pas-

passer tant de tems sans donner de
ses nouvelles à son épouse. Il
s'excusoit sur la difficulté qu'il y
auroit eu de le faire sans que le
Corsaire en eût eu connoissance,
& par conséquent sans rendre la
rançon de sa femme plus précieu-
se & plus difficile. D'ailleurs il
étoit bien aisé de prendre assez de
tems pour se mettre tout à fait dans
l'abondance, & pour offrir ensuite tout d'un coup à son épouse &
à sa fille une fortune d'autant plus
douce qu'elles ne s'y seroient point
attendues. Telles furent ses raisons ; mais quoiqu'il en pût être
il ne vit point le nom & les avantures de Mademoiselle Perry dans
la gazette sans y reconnoitre sa
fille. Il découvrit bientôt le lieu
de sa demeure & s'étant présenté
à elle, rien ne pût être plus agréable pour cette vertueuse personne que de retrouver son pere. Mr.
le Baron de Spalding eut presque
autant de sujet qu'elle d'être satisfait de cette heureux tour de fortune. Ce n'étoit plus une fille
malheureuse & sans biens dont il

de-

devenoit l'époux ; c'étoit une personne presqu'aussi riche que lui,
& qui possédoit tout ce qui peut
rendre une femme aimable aux
yeux d'un honnête homme. Nous
entretinmes une liaison étroite avec
cet heureux couple pendant le reste de notre séjour à Londres.

Le Marquis m'aiant fait souvenir que nous devions une visite à
Madame la Duchesse de Marlborough nous la lui fimes à son hôtel, où elle étoit revenuë de Tumbridge. Elle nous pria de lui rendre compte de tout ce que nous
avions remarqué dans nôtre voyage, & sur tout dans sa belle maison de Blenheim. Une question
qu'elle me fit lorsque je m'y attendois le moins, me causa le dernier embarras. A propos, Monsieur, me dit-elle, on m'a dit que
vous pourriez peut-être m'apprendre quelque chose de Myladi R...
qui a disparu depuis quatre mois.
On assure qu'elle vous entretint
en secret cinq ou six jours avant
son évasion. Vous decouvrit-el-
le quelque chose de ce qu'elle alloit

loit devenir ? Je fis un effort pour
affurer ma contenance. Je ne fuis
pas mieux informé que le public
lui répondis-je, des deffeins de cette Dame, ni de la fituation de fes affaires. Je l'ai connuë fi peu de tems
qu'il n'y a pas d'apparence qu'elle m'ait choifi pour fes confiden-
ces. Cependant, reprit la Ducheffe Mylord R.... en a quelque
foupçon ; il s'eft même donné du
mouvement pour en découvrir d'a-
vantage. Je l'ai vû fort animé contre vous, continua-t-elle, & je
doute s'il eft tout-à-fait revenu de
l'opinion que vous avez eû part à
la fuite de fon époufe. Les opi-
nions font libres, lui dis-je, mais
elles font injuftes quand elles font
fans fondement. Je m'étonne que
Mylord R.... ne revienne point de
fes foubçons puifque vous me dites, Madame, qu'il a fait des recherches qui devroient me juftifier
dans fon efprit. Je tachai ainfi
de tenir le milieu entre la vérité
& le menfonge pour fortir d'embarras. Ce perfonnage me coûta
extrémement, mais il reuffit bien,

La

La Duchesse me dit quelques jours après qu'elle avoit vû Mylord R. . . . & qu'elle l'avoit détrompé entiérement sur mon sujet. Je n'avois rien découvert au Marquis de ce qui m'étoit arrivé avec l'épouse de ce Seigneur. Quelques mots qu'il avoit entendu de Scoti à son retour de France n'avoient pas suffi pour l'en instruire, & sa discretion l'avoit empêché de m'interroger là-dessus ; mais la Duchesse de Marlb. . . m'aiant parlé si clairement il me pria le soir de lui apprendre la vérité de cette avanture ; je le satisfis sans difficulté. Il saisit cette occasion de me presser de retourner en France pour rendre à Myladi R. . . tous les services dont nous serions capables. Je lui promis de partir quand il voudroit, nous y fumes d'ailleurs déterminez par une lettre que je recus de ma fille la semaine suivante. Elle m'apprenoit le retour d'Amulem & l'impatience que toute ma famille avoit de me revoir : nous fixames le jour de nôtre départ ou 24 de Juin.

Je

Je ne puis finir la relation de
nôtre voyage d'Angleterre sans
donner place ici à une avanture
fort rifible dont l'illuftre Brillant
fut le héros. J'ai déja dit qu'il
étoit d'une figure prévenante, quoiqu'un peu effrontée. Il fçavoit
fe donner des airs de petit Maître
& d'Homme à bonnes fortunes,
& le Marquis aimant d'ailleurs à
le voir mis proprément, il y avoit
peu de valets à Londres qui fuffent
fur un meilleur pied. Je ne doute point que fes conquêtes ne fe
foient étenduës bien loin parmi les
grifettes. Cependant il en trouva
quelques-unes qui n'eurent point
affez de goût pour refpecter fon
mérite. Un foir on m'apporta un billet de lui, par lequel il
m'apprenoit qu'il étoit à Newgate. C'eft une des prifons de Londres. Il ne me difoit rien de ce
qui l'y avoit fait mettre. Il me
conjuroit feulement d'avoir pitié
de lui & de le tirer de là promptement. Je refolus néanmoins de
l'y laiffer toute la nuit, me figu-
rant bien qu'il n'y étoit pas fans

I 4

l'a-

l'avoir mérité, & étant bien aife
d'ailleurs de lui laiffer prendre cette
leçon de fageffe dont il avoit eu befoin plus d'une fois dans fa vie. Le
lendemain j'envoyai Scoti pour
s'informer de fa conduite & obtenir fa liberté. Il coûta peu pour
l'élargir. Scoti nous le ramena,
mais dans un état à faire rire un
homme mourant. Il étoit fans chapeau & fans Juft-au-corps. Sa
vefte dechirée en plufieurs endroits,
fa chemife n'étoit pas plus entiére, & fes cheveux qu'il avoit naturellement fort beaux, étoient fi
mêlez & fi dérangez que cela lui
donnoit un air de fou ou defurieux.
Je lui dis d'aller s'ajufter mieux
& de nous venir raconter fon malheur. Peut-être ne l'auroit-il pas
fait fidellement, mais Scoti qui s'en
étoit informé nous apprit tout ce
qu'il fçavoit. Briffant avoit une
maitreffe fort jolie qu'il avoit cul-
tivée avec beaucoup de foins depuis trois ou quatre mois. Il l'a-
voit vûë deux jours auparavant
pour la préparer à fon départ, &
pour ménager fa douleur il ne lui

avoit

avoit appris cette nouvelle qu'a-
vec de grandes précautions. Cette Princesse avoit fait l'inconsola-
ble ; cependant pour adoucir autant qu'il étoit possible la rigueur
d'une si cruelle séparation, elle lui
avoit fait promettre de venir souper le lendemain avec elle. Brissant n'y manqua point. Elle a-
voit invité avec elle deux ou trois
de ses amies. Ces friponnes a-
voient formé entre elles le dessein
de l'enyvrer & de le dépouiller de
tout ce qu'elles trouveroient propre à leur usage. Elles s'y prirent
fort bien pour sa montre & sa bourse. Brissant m'a juré qu'il ne s'apperçut nullement du vol. Comme elles avoient dessein de ne lui
rien laisser, elles lui proposerent de
se mettre au lit. Ce n'étoit pas sans
doute une proposition nouvelle. Il
consentit à tout ; mais à peine a-
voit-il quitté ses habits qu'il s'aper-
çut que sa montre lui manquoit.
Le vin ne l'empêcha pas d'ouvrir
les yeux. Il vit bien-tôt que sa
bourse étoit passée aussi en d'autres mains, & ne doutant plus

I 5 qu'on

qu'on ne le trompât, il voulût faire le terrible. Les deux amies prétenduës de sa maitreffe avoient déjà difparu avec la bourfe & la montre. Il fe jetta fur fa Princeffe, & la maltraita cruellement. Celle-ci fe mit d'abord à pleurer, en lui reprochant tendrement l'ingratitude dont il payoit une paffion fi belle & fi conftante. Cependant Briffant qui n'entendoit pas raillerie lui demandoit fa montre & fa bourfe. Elle jura qu'elle ignoroit ce qui s'étoit paffé ; & que s'il avoit perdu quelque chofe elle étoit trompée elle-même par fes amies, qu'elle avoit prifes jufqu'alors pour des perfonnes d'une vertu reconnuë. Le fier Briffant rugiffoit de fe voir le joüet d'une fille. Il recommença à frapper fa belle, & il bleffa même fon beau vifage. Les Archers vinrent au bruit. Ils féparerent les combatans & les conduifirent tous deux à la prifon. Un autre fcene y attendoit le malheureux Briffant. Newgate eft une grande prifon qui eft toujours remplie d'une multitude

tude de coquins qu'on n'y renferme pas pour leurs bonnes actions.
C'est l'usage du lieu que les nouveaux venus fourniffent quelque monoye pour traiter les autres.
Briffant fe deffendit envain fur ce
qu'il ne lui reftoit pas un fou. On
le menaça de lui ôter fon juft'au-
corps, & on fe mit en difpofition
de l'exécuter; il donna des coups,
il en reçût. Il fit des prodiges
de valeur; mais le nombre l'emporta à la fin & on nous le mit
dans l'état que j'ai raporté. Il ne
pouvoit s'empêcher d'en rire lui-
même en nous repetant fon Hiftoire: mais c'étoit un ris fier &
d'un Héros irrité, qui gémiffoit
de ne pouvoir demeurer à Londres affez longtems pour fe van-
ger. Je ne laiffai pas de le rendre
férieux en lui difant, que ces fortes d'exploits nocturnes n'étoient
ni du goût du Marquis ni du mien,
& qu'auffi-tôt que nous mettrions
le pied en France nous lui donne-
rions la liberté de chercher un autre Maître. Je pris quelques mefures pour lui faire retrouver fa.

 bour-

bourse & sa montre, mais ce fut
inutilement comme je l'avois prévû.

LIVRE TROISIEME.

ETant satisfaits de ce que nous
avions vû à Londres & dans
les autres parties d'Angleterre, nous
ne pensâmes plus qu'à retourner
en France. Nos adieux se firent
regulierement. La civilité de nos
amis se soutint jusques à la fin,
plusieurs s'embarquerent avec nous
pour nous conduire jusqu'à Gra-
vesend où nous devions prendre
la poste. Ils se firent accompagner de quelques instrumens pour
adoucir, nous disoient-ils, le regret qu'ils avoient de nous voir
partir : nous trouvâmes à Grave-
send un magnifique souper qu'ils
avoient envoyé préparer. La meilleure partie de la nuit se passa dans
la joye, & un reste fort court à
dormir. Enfin nous les quittames
au matin après mille embrassemens,
& nous nous mimes dans nôtre
chaise. Nous fumes en peu d'heures

res à Cantorberi où nous dinâmes, & nous arrivâmes à Douvres avant le soir. Le vent se trouva s'y peu favorable que nous fumes obligez d'y passer la nuit, quoique le bâtiment qui devoit nous porter fût prêt par les soins de Scoti qui étoit parti de Londres avant nous. Le tems étant devenu plus commode, nous nous mimes en mer le lendemain matin ; en un instant nous fumes éloignez du rivage. Cependant nos yeux y demeuroient encore attachez : Heureuse Isle ! dis-je au Marquis, trop heureux habitans, s'ils sentent bien les avantages de leur climat & de leur situation ! que leur manque-t-il de ce qui peut rendre la vie agréable & commode ? prenons les du côté de la nature : la chaleur de leurs étez n'est point excessive ni le froid de leurs hyvers immoderé : leurs terres produisent abondamment ce qui suffit pour leur usage. Ils pourroient se passer des biens de leurs voisins ; cependant ils ajoutent à leurs propres biens ce qui se trouve de plus rare & de

plus

plus précieux dans tous les autres
païs du monde. Il semble qu'ils
aïent mis tout l'univers à contribu-
tion. Londres est aujourd'hui u-
ne espece de centre où les richesses du monde entier viennent a-
boutir par les lignes du commerce : elles se distribuent avec pro-
portion dans toutes les parties de
l'Isle. Ce n'est point la force ni
l'autorité ni la naissance qui ré-
glent cette distribution. Chacun
y participe autant qu'il en est capable & qu'il sçait les attirer vers
lui par son industrie, ses soins, &
son travail. Sont-ils moins heureux dans l'ordre moral ; ils ont
sçu conserver leur liberté contre
toutes les atteintes de la Tirannie.
Elle est établie sur des fondemens
qui paroissent inébranlables : leurs
loix sont sages & d'une explication
facile. Vous n'en trouverez pas
une qui ne se rapporte au bien public ; & chez eux le bien public
n'est point un vain nom qui serve
de masque à l'injustice & à la violence de ceux qui ont l'autorité
en main : chacun y connoit l'é-
ten-

tenduë de ses droits ; le peuple a
les siens dans lesquels il sçait se
conserver comme les Grands ont
leurs bornes au delà desquelles ils
n'osent rien entreprendre. La Religion n'y est pas moins libre. Les
Anglois ont reconnû que la contrainte est une attentat contre l'esprit de l'Evangile ; ils sçavent que
le cœur des hommes est le domai-
ne de Dieu, que la violence ne
produit que des changemens ex-
terieurs, qu'un Culte forcé est un
culte sacrilege qui perd celui qui
l'exige & celui qui le rend ; & sur
ces principes ils ouvrent leurs
Temples à ceux qui veulent y entrer ; sans s'irriter lorsqu'on les a-
bandonne. Aussi la vertu ne con-
siste-t-elle jamais parmi eux en
grimaces & en démonstrations af-
fectées. Tout y est solide & répond au caractére de leur genie.
Les Catholiques ne leurs rendent
point assez de justice de ce côté-
là : ils s'imaginent faussement que
la Religion est négligée en Angleterre. Mais s'ils sçavoient qu'il
n'y a point de païs au monde où

le

le service de l'Eglise se fasse avec plus de décence & de modestie, où les enfans soient élevez plus chrétiennement, où les vices scandaleux soient moins soufferts, où les Véritez de l'Evangile soient prêchées plus solidement, ils reviendroient sans doute de cette opinion. On y a détruit les Abaïes & les Monasteres, vous trouverez peu de Catholiques qui ne se persuadent là-dessus que c'étoit pour enrichir le monde des dépouilles de l'Eglise : ils ignorent que les Anglois y ont substitué des établissemens sans comparaison plus utiles. On ne voit en Angleterre dans les villes & dans les plus simples villages que des hôpitaux pour les malades, des maisons de Charité pour la retraite des pauvres, des afiles pour les Vieillards de l'un & l'autre Sexe, des Ecoles pour l'instruction des Enfans, enfin mille monumens de pieté, & de zéle pour la Réligion & la patrie. Quel est l'homme de bon sens qui ne préferât point ces sages & religieuses fondations à nos Cou-

Couvents & à nos Monasteres, où l'on ne sçait que trop que la fainéantise & l'inutilité s'honorent du nom de haine du monde & de contemplation des Véritez celestes.

Le Marquis interrompit cette effusion de mon estime pour les Anglois, je gage me dit-il en riant que les discours de Mr. l'Evêque de Chichester vous ont rendu protestant, car tout ce que vous me dites là sent un peu l'esprit de la Réformation. Je suis, lui répondis-je ce que je crois devoir être en matiére de Religion. Ce n'est ni le nom de Catholique ni le nom de Protestant qui me détermine, c'est la connoissance de la Vérité que je crois avoir acquise il y a longtems par la faveur du Ciel & par mes réflexions. Mais fussai-je Evêque Italien, c'est-à-dire livré aux plus excessives préventions, je n'aurois pû m'empêcher en voyageant en Angleterre d'ouvrir les yeux sur ce qui s'y présente, & par conséquent de reconnoitre ce que j'en ai dit & ce

que

que je ne craindrai jamais de repeter. Cet entretien dura si long-tems qu'au lieu des côtes d'Angleterre que nous avions perdues de vûë nous commençâmes à découvrir celles de France : le vent continua d'être favorable, nous arrivâmes en fort peu de tems à Calais. L'impatience du Marquis lui faisoit souhaiter de partir sur le champ ; mais sous prétexte de voir les fortifications de la Ville, je le priai d'y passer le reste du jour & la nuit. J'avois dessein de prendre quelques momens pour méditer sur la conduite que j'allois tenir avec lui. Ce n'est pas que j'eusse différé si tard à y penser, mais le projet même que j'avois formé demandoit que nous ne nous pressassions pas de partir. J'avois d'abord supposé comme une chose nécessaire, que je ne menerois point le Marquis à la terre de ma fille ; s'il n'étoit pas guéri de sa passion pour ma niéce il étoit du moins accoutumé en quelque sorte à ne la pas voir. C'étoit un commencement de guérison que

je

je ne voulois pas rendre inutile en le rapprochant d'elle : mais la difficulté étoit d'imaginer des prétextes. Je ne pouvois le mener à Paris : Mr. le Duc son pere m'avoit déclaré qu'il ne souhaitoit pas qu'il y parût avant la fin de nos voyages. Il me vint à l'esprit de le conduire au château que Mr. le Duc avoit auprès de l'Abbaïe où j'avois passé quelques années dans la retraite. Je lui fis entendre qu'étant au milieu de la belle saison il y avoit apparence que nous le trouverions là, & je lui persuadai que nous ne pouvions pas avec bienséance manquer de lui aller rendre nos respects en rentrant dans le Royaume, après quatre ou cinq mois d'absence. Comme je parlois de l'accompagner il n'eut rien à m'opposer à cette proposition. J'écrivis en sa présence une lettre à ma fille pour lui marquer nôtre retour en France, & j'ordonnai à Scoti de partir en poste pour la lui porter. Mais j'en écrivis une autre en sécret à Mr. le Duc par laquelle, en lui donnant

avis.

avis de nôtre arrivée je le priois de se rendre dans sa terre où nous l'irions joindre en peu de jours & où je remettois à lui communiquer les raisons qui m'obligeoient à lui faire cette priere. Je donnai secrettement ordre à Scoti de passer par Paris avant que d'aller chez ma fille & de rendre cette lettre en mains propres à Mr. le Duc. Nous partimes de Calais le lendemain. Je trouvai moyen sans affectation d'allonger nôtre route sur divers prétextes, de sorte que n'étant arrivez que le sixiéme jour dans les terres de Mr. le Duc, nous apprimes qu'il y étoit dès le jour auparavant. Je lui découvris ce qui m'avoit amené, dans le premier entrétien particulier que j'eus avec lui. Il tomba d'accord de la nécessité de retenir le Marquis pendant que j'irois chès ma fille. La raison la plus specieuse fut celle de lui faire voir une partie de ses parens avant que de recommencer de nouveaux voyages. Je passai trois jours avec eux, au bout desquels je me disposai à partir.

Le

Le Marquis parut fort affligé de demeurer après moi : cependant comme il ne se doutoit nullement de la cause de nôtre séparation, il la supporta plus patiamment dans l'esperance de venir me rejoindre aussi-tôt qu'il auroit vû sa famille. Il s'y prit fort adroitement pour écrire à ma niéce avant mon départ. J'étois sans valet aiant fait partir Scoti de Calais avec ordre de m'attendre chez ma fille. Mon dessein étoit de prendre là le carrosse public. Le Marquis représenta en secret à Mr. le Duc qu'il ne seroit pas civil de me laisser partir dans la voiture commune, & qu'il falloit me donner un carrosse ou une chaise de la maison. Mr. le Duc qui n'y avoit pas fait attention entra dans toutes ses vûës, & il fut le premier à me faire honnêtement cette proposition. J'acceptai la chaise avec quelque resistance. Ce fut Brissant qui fut nommé pour la suivre à cheval, car j'ai oublié de dire que malgré la menace que je lui avois faite à Londres de le congedier

gedier en arrivant en France, il avoit obtenu de nous son pardon par ses priéres & par des assuran-ces d'une meilleure conduite. E-tant arrivé le soir à la premiére ville où je devois passer la nuit & réflechissant sur les affaires du Mar-quis & sur les miennes, il me tom-ba dans l'esprit que Brissant n'é-toit pas sans quelque secrete com-mission de son maitre. Il se fit presser si long-tems que je ne dou-tai point qu'il ne fût engagé au silence par de grandes promesses. Enfin lui ayant fait entendre que si je découvrois qu'il m'eût trom-pé, il ne demeureroit pas un quart d'heure d'avantage avec nous; il tira de la poche une lettre qu'il avoit envelopé avec beaucoup de soin & il me la présenta. Je lui dis que j'étois content de lui & qu'il pouvoit se retirer. J'ouvris la lettre. Voici ce qu'elle con-tenoit, je la copie mot à mot.

    ,, Trop chere, mais trop cruel-
,, le ou trop inconstance Nadine,
,, (c'étoit comme j'ai dit le nom
,, de ma niéce) est-ce de votre ri-
    ,, gueur

„ gueur ou de votre changement
„ que je dois me plaindre ! j'étois
„ parti de France avec l'opinion
„ d'être aimé de vous, vous m'a-
„ viez permis de le croire ! qu'el-
„ les esperances ne formois - je
„ point sur une permission si dou-
„ ce & si flateuse ! avez-vous ou-
„ blié l'excès de ma joye ? ne vous
„ repondoit-il pas de celui de ma
„ tendresse ? cependant par une
„ cruauté que je ne puis com-
„ prendre ou par un oubli qui me
„ cause encore plus de douleur,
„ vous avez rendu miserable pen-
„ dant quatre mois un cœur dont
„ vous aviez commencé la felici-
„ té & qui n'en a plus à esperer,
„ s'il est vrai qu'il vous retrouve
„ dure ou infidelle. A quoi faut-
„ il que j'attribue votre silence ?
„ ce n'est point à la colere du
„ Ciel qui ne sçauroit condam-
„ ner la sincerité de mes senti-
„ mens, & l'innocence de mes
„ desirs. Ce n'est pas non plus
„ à la trahison de notre corres-
„ pondant qui s'étoit engagé par
„ serment de m'être fidelle. Ce

„ ne

„ ne doit donc être qu'à vous-
„ même. Si cette triste conjec-
„ ture est certaine, il ne me res-
„ te plus qu'à mourir prompte-
„ ment, car la vie va devenir pour
„ moi un fardeau que je ne me
„ sens point le force de supporter.
„ Apprenez moi du moins ce qu'il
„ faut que je pense de vous. Mon
„ valet vous servira fidelement.
„ Vous sçaurez de Mr. de Renon-
„ court la raison qui m'empêche
„ de me rendre auprès de vous
„ avec lui. C'est un nouveau mal-
„ heur, qui achevera de me per-
„ dre, si vous ne me consolez
„ par un mot de réponse. Sou-
„ venez-vous de vos promesses &
„ de mes sermens. Souvenez-vous
„ de vos bontez, de vos charmes,
„ de ma tendresse infinie, de mon
„ respect, de ma fidelité, & son-
„ gez si je puis perdre l'esperan-
„ ce d'être aimé de vous, sans
„ mourir. Adieu Chere cruel-
„ le".
„ Je fus faché de voir après avoir
lû cette lettre, que je n'avois point
de parti à prendre qui pût m'être
agréa-

agréable. Je ne trouvois point de milieu entre ces deux choses, ou de renvoyer seuls Amulem & ses enfans en Asie, si je voulois continuer de prendre soin de la conduite du Marquis dans ses voyages ; ou de rompre entierement les engagemens que j'avois avec Mr. le Duc son pere & avec lui, si je voulois jouïr quelque tems de la présence d'Amulem & l'accompagner ensuite à son départ, comme je m'étois proposé de le faire pendant une partie de sa route. Ce qui me chagrinoit le plus étoit de me voir obligé de prendre promptement une résolution ; car je ne voulois point tromper Mr. le Duc par une fausse esperance de me voir retourner avec son fils. D'ailleurs je n'aurois pû abandonner le Marquis sans une peine extréme ; il m'étoit devenu si cher, que je ne mettois plus de difference entre lui & ma fille. Je continuai à marcher dans ces irresolutions. Elles me causoient une inquiétude si visible que toute ma famille s'en apperçut à mon arrivée ; je reçus né-

anmoins leurs careſſes avec un
retour égal d'affection. J'étois charmé de me retrouver au milieu de
tant de perſonnes dont je pouvois
m'aſſurer d'être aimé tendrement.
Mylady R . . . . parut extrémement
touchée du plaiſir de me revoir. Je
ne pus me deffendre auſſi d'en reſ-
ſentir beaucoup , & quoique je
me fuſſe armé de toute ma force
contre le pouvoir de ſes charmes,
je continuai de ſentir qu'il n'eſt
point d'âge ni de réflexions qui
puiſſent arrêter les mouvemens du
cœur. Je l'aimerai, dis-je en moi
même, je vois bien qu'une plus
longue reſiſtance ſeroit inutile :
mais je ſçaurai du moins régler
tellement mon amour & le tenir
même ſecret qu'il ne ſera ni ſcan-
daleux ni criminel.

J'avois à m'éclaircir de tant
de choſes avec ma fille, que je
ménageai le plutôt qu'il me fut
poſſible un entretien particulier a-
vec elle. Comme cette chere fille étoit la meilleure partie de moi-
même, je lui communiquois ſans
reſerve mes penſées. Elle avoit
un

un sens droit & un jugement solide qui la rendoit capable de me
donner un bon conseil. Elle étoit
avec cela dans une situation d'esprit tranquille ; car elle menoit u-
ne vie très heureuse & rien ne paroissoit devoir l'affliger que les infortunes de son pere. Je commençai par lui demander ce qu'elle pensoit de ma niéce Nadine,
& si elle n'avoit rien découvert de
son intrigue avec le Marquis. Elle me dit que cette aimable petite créature avoit toujours été melancolique pendant nôtre absence,
qu'elle avoit cherché la solitude,
& que malgré les divertissemens
qu'on avoit taché de lui procurer
elle s'echapoit souvent pour se promener seule dans le bois pendant
des heures entiéres. Ma fille me
dit aussi qu'après avoir reçû ma
lettre de Londres elle avoit fait
appeller son Baillif ; qu'elle l'a-
voit forcé d'avoüer la promesse
qu'il avoit fait au Marquis de recevoir ses lettres pour Nadine &
celles de Nadine pour lui ; que
l'aiant menacé de son ressentiment

K 2

s'il

s'il ne lui apportoit pas toutes celles qu'il recevroit, il lui en avoit
mis en main trois du Marquis en
différens tems, mais qu'il n'en a-
voit reçû aucune de ma niéce. Que
ferons nous donc, dis-je alors,
pour les guérir de cette inclination
qui peut avoir des suites fâcheuses?
Ma fille me répondit qu'elle n'y
voyoit pas tant de difficulté : Que
Nadine étant sage & bien élevée,
il ne falloit rien craindre d'elle
qui pût nous faire deshonneur ; que
par précaution néanmoins il seroit à propos de l'éloigner du Marquis & de leur ôter toutes les occasions de se voir. C'est la difficulté, repliquai-je, car le Marquis
s'attend que nous executerons le
projet du voyage d'Allemagne pour
conduire Amulem & ses enfans
jusqu'à Vienne. Ma fille m'apprit alors qu'elle esperoit retenir
Nadine en France ; qu'elle croyoit avoir ébranlé Amulem par ses
raisonnemens, & par ses instances,
& que pour peu que je voulusse
la seconder par mes prieres, elle
ne doutoit point qu'il ne consentît

tît à nous la laiſſer. Je lui ai re-
préſenté, me dit-elle, que s'il aime ſa fille il doit ſouhaiter de la
voir heureuſe ; qu'il eſt impoſſible
qu'elle le ſoit jamais dans un ſer-
rail après avoir gouté nos manieres de France ; qu'il ne perdra
pas plus à me la donner qu'à la
reconduire en Turquie où elle ne
ſera pas plutôt mariée, qu'il ſe
verra privé de ſa vûë pour toujours ; qu'il ignorera même ſi ſon
époux Turc en uſera bien avec
elle, au lieu qu'en la laiſſant entre mes mains il ſera aſſuré qu'elle eſt avec de chers amis qui l'ai-
meront tendrement, qui lui don-
neront quelquefois de ſes nou velles & qui ne manqueront point de
lui trouver un établiſſement honnête & avantageux qui la rendra
plus heureuſe que la Maitreſſe fa-
vorite du Grand Seigneur. Nous
l'obtiendrons donc de mon oncle,
continua-t-elle, & nous la mettrons pour quelques années dans
un Couvent, elle achevera de prendre nos manieres & elle aura le
tems d'oublier le Marquis. J'em-
K 3 braſ-

braffai ma fille pour la remercier d'un expedient fi heureux. Je lui demandai enfuite comment elle avoit reçû Mylady R.... & qu'elle opinion elle avoit de cette belle Dame : elle m'affura qu'elle étoit charmée de fes manieres & de fa conduite. Dans les premiers jours de fon arrivée, me dit-elle, je la trouvai fombre & refervée ; elle parloit peu & elle fembloit nous examiner avec attention : mais lorf-qu'un peu d'habitude nous eût ren-duës plus familiéres, elle m'ouvrit fon cœur d'un air fi naturel & fi charmant que je l'ai cherie depuis comme une fœur. Elle m'a ra-conté tous fes malheurs, ajouta ma fille ; elle ne m'a pas même caché l'inclination violente qu'el-le s'eft fentie pour vous, & qu'el-le conferve encore fi bien qu'elle m'en entretient tous les jours. J'interrompis ce difcours que je n'aurois pû entendre longtems fans rougir. Je tachai de faire prendre une autre tour à nôtre converfa-tion ; mais je ne le fis pas affez habilement pour tromper ma fille.

Que

Que je ferois contente, mon cher Pere, interrompit-elle tout d'un coup, si je ne me trompe pas dans mes conjectures ! Si ce que je penfe eft vrai, je donnerois ma vie pour Mylady R.... Que voulez-vous dire, lui répondis-je en rougiffant ; je ne conçois rien à ce difcours ni à votre exclamation. Je vous demande pardon mille fois, reprit elle en m'embraffant, mais fi vous aimez un peu votre chere fille, vous ne lui cacherez point les fentimens de votre cœur. Pour moi je ne vous déguiferai pas les miens. Je ferois charmée que la tendreffe de Mylady pût vous caufer un peu d'émotion & qu'elle vous fit perdre cette impatience de retourner dans la folitude, dont vous m'avez entretenuë depuis deux ans dans toutes vos lettres. Je demeurai quelque tems en filence à la fin de ce difcours. Je tenois les yeux baiffez, & dans la confufion des mouvemens qui fe paffoient dans mon cœur je ne fçavois quels termes je devois choifir pour m'exprimer. Ah ma

K 4   fille.

fille, lui dis-je enfin! quel souhait faites-vous pour votre pere! songez-vous que dans peu de jours il vous faudra penser aux apprêts de ma sepulture? vous ne voyez que trop que je commence à peser sur la terre. Comment pouvez-vous me parler d'amour, & d'autres émotions de cœur que celles que la crainte de la mort me doit causer? Au lieu de devenir plus férieuse par ma réponse, elle se mit à rire & à m'assurer que j'avois si peu l'air moribond, que Mylady R... ne parloit qu'avec extase de ma bonne mine. J'avoüe que je ne pûs m'empêcher de sourire moi-même à cette plaisanterie. Cependant je n'étois pas moins ému au fond de l'ame. Je repris d'un ton aussi triste que le premier ; non ma chere fille, il ne convient plus à votre pere de penser aux folies de l'amour. Les sources de la joye & du plaisir sont taries dans mon cœur. Je vois votre mere qui me tend les bras & qui m'appelle après elle. Je ne ferai point le sourd lorsque le Ciel m'acm'accordera de la suivre. Cependant comme j'ai trop de confiance en vous pour vous rien cacher, je vous avouerai que les charmes féduifans de Mylady R... m'ont caufé de l'inquiétude. Vous m'avez vû rougir au commencement de votre difcours, c'étoit du reproche que mon cœur fe faifoit de fa foibleffe. Je ne vous fais pas cet aveu pour être flatté ni encouragé; au contraire je veux prévenir par là vos follicitations. Si vous avez à prendre parti pour quelqu'un, il faut que ce foit pour votre pere. Ne me parlez de Mylady R.... que comme d'une perfonne qui mérite l'eftime de tout le monde Quand vous me demanderez de fentimens moins généraux pour elle, je me plaindrai que vous manquez d'amitié pour moi, ou bien je vous accuferai de m'en donner de fort mauvaifes marques. Ma fille m'entendant parler fi férieufement craignit de m'avoir déplû : elle me fit connoitre cette crainte. Je l'embraffai avec toute la tendreffe de

K 5

mon

mon cœur. Vous m'etes trop
chere, lui dis-je, pour rien faire
dont je puisse jamais me tenir of-
fensé. Je suis bien aise même que
vous m'ayez donné cette occasion
de m'expliquer comme j'ai fait.
J'en tirerai la consolation de pouvoir continuer à vous découvrir
mes sentimens par raport à Mylady. R.... ; & si j'avois le malheur de
me trouver plus foible que je ne
dois, je suis bien sûr que mes foiblesses ne peuvent être deposées
plus fidellement que dans le sein
de ma chere fille. Avant que de
finir cette longue conversation. Je
lui demandai si Mylady ne s'étoit
jamais ouverte à celle sur ses desseins d'établissement, ou sur le lieu
qu'elle vouloit choisir pour sa retraite dans la suite de sa vie. Elle me dit que si les protestations
de cette dame étoient sinceres,
elle ne chercheroit point d'autre
retraite que le lieu où elle étoit,
& où elle juroit qu'elle se croyoit
plus heureuse que parmi les plaisirs de la Cour.

La maniere dont nous passames
le

le tems pendant quinze jours dans la terre de ma fille fut une des plus charmantes époques de ma vie. La santé, la joye, l'amitié, l'ouverture & la communication de cœur, l'empressement de s'obliger & de contribuer à la satisfaction commune, enfin tout ce qui peut rendre agréable & amusante une societé de personnes qui s'estiment & qui s'aiment, parut se reunir en notre faveur sans la moindre interruption. Je reçûs de Mylady R... cent témoignages d'estime, & d'une honnête affection. Je ne lui en donnai pas moins de mon respect, mais sans entrer dans un détail particulier de sentimens que j'étois resolu d'éviter. Je trouvois assurement de la douceur à l'entretenir, j'admirois ses charmes; mais soit que mon cœur fût occupé de la satisfaction d'être auprès d'elle, soit que mes efforts l'eussent rendu plus soumis, je n'y remarquai point de mouvemens que le devoir m'obligeât de combattre & de reprimer. Pour elle je trouvai dans toutes ses manié-

K 6

res.

res cet air de modeſtie qui releve
les charmes de la beauté & dont
il lui avoit été pardonnable de s'e-
carter un peu dans la violente ſituation où je l'avois vûë à Londres. Amulem & ſes deux enfans s'exprimoient ſi aiſément en
François qu'on ne s'apperçevoit
preſque point qu'ils fuſſent Turcs.
Ils s'étoient mis à la Françoiſe.
Nadine étoit toujours dans ſon
déguiſement ſous le nom de Memiſcez. Mylady même ne la con-
noiſſoit pas autrement. Nous re-
ſolumes néanmoins ma fille & moi
de lui ôter ce maſque & de lui faire prendre les habits qui conve-
noient à ſon ſexe ; mais ce ne fut
qu'après avoir fait un nouvel effort
pour obtenir d'Amulem qu'elle
nous reſtât après ſon départ. Il
eut beaucoup de peine à ſe laiſſer
vaincre. Son conſentement ne ſe
donna même qu'avec des larmes.
Il l'accorda pourtant à condition
que le Marquis mon Gendre , &
ma fille lui tiendroient lieu de Pere & de Mere & qu'ils en pren-
droient même le nom. Nous
fimes

fimes cette cérémonie avec éclat.
Tous les voisins de mon gendre
furent invitez. Nadine parut si
brillante sous sa nouvelle parure
qu'elle fit d'abord plus d'une conquête. Nous en eumes une trop
bonne preuve trois semaines après,
par l'ardeur de deux jeunes gen-
tilshommes qui la demanderent en
mariage presqu'en même tems &
par les funestes suites de cette
demande.

Pendant que j'étois si agréablement occupé je reçûs une lettre
de Mr. l'Abbé du Bois, que nous
avons vû depuis Cardinal & premier Ministre, par laquelle il me
marquoit de la part de S. A. M.
le Duc d'Orleans de me rendre
incessamment à Paris. Un ordre
de cette nature me surprit beaucoup, moi qui ne me croyois
connu que de très peu de personnes & qui prenois si peu de part
aux affaires de l'Etat, qu'à peine li-
sois-je quelquefois la Gazette. Je
consultai ma famille sur cet évenement. Nous convinmes qu'a-
vant que de me rendre à Paris

je

je passerois chez Mr. le Duc de . . .
dont les avis & la protection m'é-
toient assurez. Je pris la poste
pour faire plus de diligence. Mr.
le Duc ne parût point surpris de
la Lettre que j'avois reçûe. Il
m'expliqua le Mistere. J'ai parlé
de vous, me dit-il, à l'Abbé du
Bois comme d'un homme d'esprit
qui m'avez fait le plaisir d'accompagner mon fils en Angleterre, &
qui avez passé quatre ou cinq mois
avec lui. Vous verrez que cet
Abbé qui est destiné *in petto* par Son
A.R. à l'Ambassade de Londres, est
bien aise de vous consulter sur les
affaires de ce païs-là. Je partis le
lendemain pour Paris. Après y
avoir pris quelques heures de repos à mon arrivée je me rendis
au Palais Royal, où Mr. l'Abbé du Bois faisoit sa demeure. Je
me fis annoncer, on ne tarda point
à m'introduire. Mr. l'Abbé me
reçût honnêtement, & sans s'arrêter plus d'une minute avec moi il
me pria de l'accompagner chez
Mr. le Duc Regent. Nous trouvâmes ce Prince avec deux Dames:
l'une

l'une étoit comme j'ai sçu depuis, Madame la Comtesse de Parabere, & l'autre Madame la Marquise de Flavacourt. Elles demeurerent avec nous. S. A. R. aïant sçû de l'Abbé qui j'étois, me fit dire de m'approcher. Vous êtes, Monsieur, me dit-il, un homme d'experience qui avez voyagé recemment en Angleterre ; m'apprendrez-vous quelque chose de nouveau qui concerne ce païs-là ? Je répondis que mes observations s'étoient moins attachées aux affaires d'Etat qu'au caractere des Anglois & aux Coutumes du païs. Mais enfin, reprit S. A. R. vous y avez été témoin de tant de grands évenemens qu'il est difficile que vous n'y ayez pas porté votre attention. Que pensez - vous des affaires d'Ecosse & des divisions du Parlement ? Je m'expliquerai avec liberté, Monseigneur, repartis-je, puisque V. A. R. me fait l'honneur de m'interroger. Je ne crois pas que ce soit l'histoire de la revolte d'Ecosse dont elle me demande le recit, elle en est sans

doute

doute bien informée. Pour ce qui
regarde la difpofition préfente des
Efprits, je ne vous cacherai pas,
Monfeigneur, que je la crois toute
differente de ce qu'on s'imagine
en France. Le Prince Prétendant
a trouvé de la facilité à foulever
l'Ecoffe & quelques Provinces
d'Angleterre. Il auroit fait d'a-
bord beaucoup d'avantage fi le
courage ou l'adreffe ne lui eût pas
manqué; mais par fa faute ou par
celle de fon confeil il a porté la
guerre où il importoit peu qu'elle
fût, & il a négligé le feul endroit
d'où dépendoit tout le fuccès de
fon entreprife, je parle de la capitale. C'étoit là qu'il avoit befoin
d'un chef réfolu pour mettre en
mouvement cent mille braves Jacobites, qui étoient prêts à répandre leur fang pour fa quérelle.
J'ai vû des effets furprenans de
leur zéle, & je fçai par des in-
formations certaines que le nombre en étoit incroiable; mais leurs
difpofitions font bien changées.
Ils rejetteroient maintenant le Prince Prétendant fi la maifon d'Ha-
nover

nover lui cedoit la Couronne.
J'ai vû ce changement continuai-
je arriver par degrez. Ils furent
indignez d'abord qu'il n'y eût point
parmi les partifans de ce Prince
un homme de marque affez dévoué
à fon fervice pour ofer s'introduire à Londres & venir y tenter un
foulevement. Ils apprirent bientôt après que fur un petit avantage remporté en Ecoffe, il s'amu-
foit à fe faire couronner dans u-
ne bicoque, & cela fans s'expliquer fur la Religion ni fur les pri-
viléges, quoiqu'il eût fait efperer
à cet égard les plus belles chofes
du monde dans fes manifeftes ;
cette nouvelle leur infpira tout à
la fois le mépris & la défiance.
Comment leur affection fe feroit-
elle foutenuë pour un Prince qui
entendoit fi mal fes interêts & qui
paroiffoit faire fi peu d'attention à
ceux de fes ferviteurs ! Ajoutez à
cela fa prompte retraite ou plutôt
fa fuite, tandis que tant de braves
gens fe facrifioient pour lui à Prefton, & qu'il lui reftoit en Ecoffe un
corps d'armée confiderable, dont

il

il vint publier lui-même la lifte
en France & à Avignon. Toutes ces fautes de prudence ou de
courage ont fait fur les Anglois
une impreffion dont ils ne reviendront jamais : deforte qu'il n'eft
pas vrai, Monfeigneur, comme on
fe l'imagine ici, qu'il refte au
Prince Prétendant un fi grand
nombre de partifans en Angleterre.

Pour ce qui concerne le Parlement S. A. R. doit fe perfuader
que fes debats, & fes divifions
peuvent être quelquefois préjudi-
ciables aux loix du païs, à l'Eglife, au Commerce, à la tranquilité de la nation, mais qu'elles ne
le feront jamais à fa fûreté. Je
veux dire que le Genie des Anglois eft de fe déchirer interieure-
ment lorfqu'ils font tranquilles au
dehors, de fe divifer en factions
& en partis qui ne fe ménagent
point, & qui n'épargnent rien
pour fe fupplanter ; mais à quelques excès qu'ils puiffent porter
leurs haines domeftiques, il n'arrive jamais que leurs voifins en
pro-

profitent. Ils reſſemblent aux chiens de la fable. C'eſt toujours l'interêt le plus preſſant qui les détermine. Ils ſuſpendent leurs animoſitez particulieres lorſqu'il eſt queſtion de la ſûreté publique. Ils ſe hâtent tous enſemble de ſe défaire de l'ennemi commun, pour ſe procurer la liberté de ſe battre entre eux ſans être interrompus.

Mr. le Duc d'Orleans me répondit en ſouriant, que des gens de ce caractére devoient être ménagez. Il eſt vrai, Monſeigneur, continuai-je, que les Anglois ſont de redoutables voiſins, mais je ſuis trompé ſi leur amitié eſt auſſi utile à la France que leur haine lui peut être dangereuſe. Ils ſont en état de nous incommoder beaucoup, cela eſt ſans contredit, mais de quel avantage nous eſt leur amitié? nos vins, nos huiles, & notre ſel trouvent aſſez à ſe debiter ſans eux. Ils les achetent même de nous beaucoup plus cher en tems de guerre. De notre côté nous ne tirons rien de leur païs à la reſerve du tabac; & qui nous

em--

empêche de le tirer directement
comme eux de nos plantations
d'Amerique? Les autres marchan-
dises qui nous viennent d'Angleterre nuisent à nos manufactures
& ôtent le pain à nos Ouvriers.
S'il est donc vrai comme le pense
V. A. R. que les Anglois sont
à ménager, c'est moins pour le
bien que nous entirons que pour
le mal qu'ils peuvent nous faire.
J'ai pour principe, reprit le Prince,
que la haine ou l'amitié des Anglois n'est point une chose indifférente à la France; & pour peu
qu'ils veuillent entendre raison,
je n'épargnerai rien pour vivre en
bonne intelligence avec eux. Je
pris la hardiesse de lui dire que S.
A. R. venoit de leur en donner
une preuve éclatante en obligeant
le Prince Prétendant de s'éloigner
du Royaume. J'ai fait, dit-il,
jusqu'à présent pour ce malh u-
reux Prince beaucoup plus que je
ne devois; mais puisqu'il use si
mal de ses avantages, je n'ai plus
rien à lui offrir que de la compassion. Je passai ainsi plus d'u-
ne

ne heure à satisfaire aux diverses
questions de ce Prince. Ensuite s'é-
tant tourné tout d'un coûp vers
Madame de Parabere qu'il embrassa
sans formalitez il lui dit , qu'il
aimoit les Anglois parce qu'il les
avoit toujours reconnus gens de
bon sens , & parce qu'ils avoient
secoué mieux qu'aucun autre peuple du monde le joug de la bigo-
terie & de la superstition. Je ne
sçai, ajouta-t-il, quand nous ame-
nerons là nos François. Mr. l'Abbé du Bois lui demanda s'il avoit
autre chose à m'ordonner : il lui
répondit que non, mais qu'il lui
conseilloit de tirer de moi tous les
éclaircissemens qu'il pourroit tou-
chant l'Angleterre.

Nous nous retirâmes. Mr. l'Abbé me pria de retourner avec lui
à son appartement. Nous y eumes une longue conference sur les
mœurs & les usages d'Angleterre.
Je le trouvai homme d'esprit, mais
sans autres lumiéres que celles que
donne l'usage du monde. Il falloit qu'il fût très peu savant pour
me paroitre tel, à moi qui n'ai
jamais

jamais fait d'étude profonde &
appliquée. Je remarquai deux choses dans sa converſation ; l'une,
qu'il lui échapoit ſouvent de ju-
rer le nom de Dieu d'une maniére toute profane ; l'autre qu'il n'é-
toit pas ennemi du beau ſexe. Il
me fit un grand nombre de. queftions ſur la beauté des Dames Angloiſes , avec une curioſité qui s'é-
tendoit juſqu'aux minuties. C'eſt
dommage , Mr. l'Abbé , lui dis-
je un peu malicieuſement, que vous
ſoyez d'une condition qui vous
exclud des faveurs de ces aimables
Dames.   Il me répondit avec une
naïveté qui me fit rire , oh ! la
condition n'y fait rien en Angleterre , puiſque c'eſt l'uſage que les
Eccleſiaſtiques y ſoient mariez. Il
eſt vrai , repartis-je , qu'on doit ſe
conformer aux coutumes du Païs
où l'on eſt. Il me fit l'honneur
de m'inviter à ſouper. Je m'y
trouvai en fort bonne compagnie.
Toute la converſation roula ſur
les femmes. Je fus inſtruit en trois
ou quatre heures de toutes les
avantures amoureuſes de Paris ,
mais

mais je ne m'arrêterai point ici à les rapporter, n'aiant pas dessein de faire une chronique scandaleuse de ces Mémoires. Ce qui me fut le plus agréable dans ce repas fut d'apprendre que le Prince Dom Manuel de Portugal étoit arrivé à Paris. Je m'informai de sa demeure : il s'étoit logé chez le Comte de Ribeira qui avoit loué l'Hôtel de Bretonvilliers. J'y allai le lendemain matin pour rendre mes respects à ce Prince. Je le trouvai qui descendoit de son appartement pour monter en carosse. Il me reconnût & il eût la complaisance de retourner un moment dans sa chambre pour m'accorder l'honneur de l'entretenir. Il me demanda des nouvelles du Marquis, & il parût fâché de ne le pas trouver à Paris. Je remarquai à l'air content qui brilloit dans ses yeux, que le souvenir de Donna Clara de Bermudez ne l'occupoit plus si fortement. Il ne m'en parla point : je n'eus garde de lui en renouveller la mémoire. Dom Tellez de Sylva l'accompagnoit tou-

jours.

jours. Le Comte de Ribeira donna quelques , jours après une fête
dont la magnificence fut admirée:
ce fut à l'occafion de la naiffance
du Prince Dom Carlos. S. A. R.
lui fit l'honneur d'y affifter avec
Madame la Ducheffe de Berry ,
tous les Princes & tous les Miniftres étrangers. Dom Tellez eut
la bonté de m'y faire donner une
place avantageufe. J'eus peine à
reconnoitre Madame la Ducheffe
de Berry qui me parut groffie pro-
digieufement. Je l'avois vûë cinq
ou fix ans auparavant, & j'avois
admiré la délicateffe de fa taille
& de fes traits. Une Dame doit
être extremement paffionnée pour
les plaifirs , lorfqu'elle les achête
ainfi aux dépens de fa beauté & de
fes agrémens. Ce ne fut pendant
quelques jours que fêtes & diver-
tiffemens à Paris. Mr. le Comte de Stairs , Ambaffadeur d'Angleterre fit auffi un feftin des plus
fplendides à l'occafion de l'anni-
verfaire de la naiffance du Roi fon
maitre. Il donna prefqu'en même tems deux bals fort extraor-
dinai-

dinaires; l'un au bois de Boulogne à la clarté de la lune & d'une infinité de flambeaux; l'autre de Masques aux champs Elisées vis-à-vis du jardin des Thuileries. Je n'étois point assez dans le goût des plaisirs pour assister à ces divertissemens. Je m'en procurai un plus conforme à mon âge & à mon humeur; ce fut d'aller aux Camaldules où l'on m'avoit dit que le Maréchal de Tessé venoit de se retirer pour y passer le reste de sa vie. Le monde qui donne un tour empoisonné aux plus saintes actions n'avoit pas manqué d'interpréter mal les motifs de cette retraite.

On prétendoit que c'étoit le chagrin de se voir négligé par Mr. le Regent qui avoit inspiré cette haine du monde au Maréchal & le dépit qu'il avoit eu de perdre l'emploi de Général des Galeres que S. A. R. l'avoit engagé à ceder au Chevalier d'Orleans son fils naturel. Il y a peu d'apparence, puisqu'il fut bien recompensé de cette démission par une

ſomme de trois ou quatre cent
mille livres qu'il reçût en argent
comptant; mais la meilleure preuve
de la droiture de ſes intentions
étoit la tranquilité qui paroiſſoit
ſur ſon viſage, lorſque j'eus l'honneur de le ſaluer. Je n'avois point
celui d'être connu de lui, cependant nous liames une converſation
de deux heures où je me fortifiai
plus que jamais dans le mépris
du monde & dans l'inclination
pour la retraite. Je me ſouviens
qu'il me dit entre mille choſes,
qu'il ne s'étonnoit pas que la
legereté du premier âge & la chaleur des paſſions derobaſſent pour
quelque tems aux yeux des hommes la vûë des véritez terribles
de la Réligion; mais qu'un vieil-
lard, continua-t-il, qu'un homme
de mon âge ne revienne pas du
deſordre & ne penſe point aux
interêts d'une autre vie, c'eſt ce
que je regarde comme le dernier
excès de folie & d'aveuglement.
Il me diſoit encore; conſiderons
les choſes dans le ſens le plus
favorable au vice; je ſuppoſe

l'éternité

l'éternité incertaine ; je la suppose même contradictoire & impossible ; mais je n'ai pas la moindre raison de croire que cette vie ne sera pas suivie d'une autre où je me trouverai bientôt sans pouvoir m'en deffendre comme je me suis trouvé dans celle-ci sans y avoir contribué : j'accorde que ce sera peut-être une vie courte, périssable, semblable à celle-ci ; mais je suis à la veille d'y entrer. Je suis convaincu par l'exemple de six mille ans que ma translation est très prochaine. Serois-je sensé de ne pas employer le peu de momens qui me restent à y penser ? Je me compare à un homme qui est prêt à changer de maison & qui s'occupe volontiers à demeubler celle qu'il quitte pour s'en préparer une nouvelle. Ainsi ajouta le Maréchal, loin de me repentir de ma retraite, je crains seulement qu'elle ne soit trop l'effet de ma raison, & que la Religion n'y ait moins de part que de simples vûës d'amour propre qui veille à son bien être dans un avenir obscur & in-

connu.

connu. Le Maréchal me pria en
finissant notre entretien de lui faire connoître qui j'étois. Je lui
répondis que je ne méritois point
cette obligeante curiosité, & que
ce que j'avois de plus estimable
étoit une grande ressemblance de
mes sentimens avec les siens. Je
revins à l'hôtel de Mr. le Duc
de... où j'avois pris mon logement par son ordre. Le portier
m'apprit qu'il étoit arrivé depuis
une heure ou deux. J'allai le saluer à l'instant & lui faire le récit
de ce qui s'étoit passé au Palais
Royal. Il me demanda si j'avois
dessein de demeurer longtems à
Paris ; comme je n'avois plus rien
qui dût m'y retenir, je lui répondis que je comptois de partir le
lendemain si ses ordres ne m'arrê-
toient pas plus longtems. Il me dit
que loin de m'arrêter, sa pensée
étoit de me prier d'aller joindre
le Marquis qui s'ennuioit sans
doute à la campagne, & de lui
tenir compagnie pendant huit jours,
au bout desquels il retourneroit
lui-même en Province. Je pris le
lende-

lendemain le chemin de ses terres.
J'arrivai le soir en poste me faisant
un plaisir de surprendre agréablement le Marquis; mais je fus fort é-
tonné de ne l'y pas trouver. On me
dit qu'un moment après le départ
de Mr. le Duc il s'étoit fait seller un
cheval & que sans autre suite que
Brissant il étoit disparu & n'avoit
instruit personne du dessein de son
voyage: je conjecturai aussi-tôt la
vérité. Je repris la poste de grand
matin & je me rendis avec diligence
chez ma fille où je ne doutois presque point de le trouver. Il y étoit effectivement. Sa rougeur en m'ap-
percevant me fit juger qu'il ne m'attendoit pas si-tôt. Il vint pourtant
m'embrasser, & pour prévenir mes
reproches il m'avoüa qu'il craignoit
d'avoir fait une faute, en partant de
chez lui sans en avoir donné avis à
Mr. son pere ou à moi; mais qu'é-
tant chez ma fille il ne lui sembloit
pas qu'il eût changé de maison,
puisque ma famille lui étoit aussi
chere que la sienne. Le mal é-
tant sans remede, j'affectai de lui
marquer beaucoup de joye de le

L 3

voir.

Je ne fis pas même semblant toute la soirée de remarquer son empreſſement pour Nadine : il badina ingenieuſement ſur l'ignorance où il prétendoit avoir été de ſon ſexe, & il ſe plaignit de moi pour l'avoir tenu ſi longtems dans cette erreur. J'aidai moi-même à ſon badinage & je m'imagine qu'il ſe retira fort content de moi & de lui-même. Je pris ma fille en particulier, pour l'entretenir de cet accident qui dérangeoit toutes nos vuës. Elle me confeſſa qu'il lui paroiſſoit d'autant plus embarraſſant que la paſſion du Marquis ſembloit s'être accruë depuis qu'il avoit vû Nadine dans les habits de ſon ſexe. J'ai obſervé tous leurs mouvemens, me dit ma fille, elle a paruë le regarder froidement à ſon arrivée; mais il a trouvé malgré mes ſoins le moyen de l'entretenir en particulier, & je remarque que depuis ce tems-là ils ont la même ardeur pour ſe voir & pour ſe parler. Je crois, ajouta-t-elle, que le tems de mettre votre niéce dans un couvent eſt arrivé. Il faut ſeulement que

que vous preniez le soin d'éloigner le Marquis. Je lui promis
que dans six jours il seroit avec
Mr. le Duc qui devoit retourner
dans ses terres. Avant que de me
coucher je fis appeller Brissant. Je
lui demandai de quel tour il s'é-
toit servi pour cacher à son maitre l'interception de sa lettre. Il
me dit qu'à l'aide de quelques men-
songes il s'étoit tiré adroitement
d'affaire, qu'il avoit fait croire au
Marquis que sa poche s'étoit percée en frottant le long de la selle &
qu'il l'avoit si bien persuadé, que
non seulement il avoit perdu la lettre, mais quantité d'autres choses
prétieuses avec elle, qu'il en avoit
obtenu deux louis d'or pour se consoler de sa perte. Je lui fis des
reproches de ce qu'un homme
d'esprit comme lui avoit eu besoin
de recourir au mensonge pour une
bagatelle. Helas ! Monsieur me répondit cet effronté, vous ne sa-
vez pas que dans notre condition
nous sommes obligez de mentir
souvent. C'est la seule chose d'importance que nous soyons capa-

L 4   bles

bles de faire pour le service de nos
Maitres Je me mis au lit ; mais
il me fut impossible de reposer un
moment. Je fus surpris de me
sentir dans une si mauvaise disposition. Je ne voyois rien qui dût
absolument me troubler jusqu'à
l'insomnie ; il me sembloit au contraire que depuis un certain tems
je n'avois eû nul sujet de me plaindre de la fortune : je la croiois reconciliée avec moi surtout depuis
mon retour d'Angleterre. Cependant ni ma lassitude ni cette réflexion ne purent me procurer un
moment de sommeil. O Ciel !
m'ecriai-je en me levant, suis-je
menacé de quelque nouveau malheur ; je me souviens que c'est la
voye que vous avez toujours prise
pour m'en avertir. Epargnez ma
fille & le Marquis, & si vous me
préparez quelque nouvelle épreuve donnez moi la force de la supporter. Il étoit tard lorsque je
sortis du lit, je ne quittai ma chambre qu'à l'heure du dîner. Je trouvai dans la sale cinq ou six Gentilhommes voisins qui étoient venus

nus voir mon gendre & qu'il avoit retenus à dîner. On s'entretint avec honnêteté & l'après midi l'on s'occupa diverſement, comme on fait à la campagne pour éviter l'ennui. Parmi les ſix étrangers il y en avoit deux qui étoient du même âge que le Marquis & qui paroiſſoient à leurs maniéres être auſſi pleins de vivacité que lui; c'étoient les mêmes dont j'ai parlé plus haut. Tous deux avoient conçû une vive paſſion pour ma niéce Nadine, ils avoient laiſſé paſſer peu de jours pendant mon voyage de Paris ſans lui en donner des marques; & quoiqu'ils fuſſent Rivaux ils gardoient aſſez bien les dehors pour faire croire qu'ils étoient amis. La vüe du Marquis & ſon attachement continuel auprès d'elle leur fit naître des ſentimens moins pacifiques. Ils connoiſſoient néanmoins ſon nom & ſa qualité; mais l'amour ne reſpecte rien; & la plûpart des Gentilhommes de campagne ſont d'ailleurs ſi fiers dans leur Province, qu'ils ne s'y croyent inferieurs à

L 5

perſonsonne. Lorsqu'ils se furent donc apperçus que non seulement le Marquis étoit sans cesse auprès de Nadine, mais qu'elle n'avoit d'attention que pour lui, ils prirent ensemble la brutale résolution de le mortifier par quelques insultes aux yeux même de ma niéce. L'occasion s'en présenta dans le jardin où ils l'attirerent insensiblement avec elle. Ils lui dirent à brûlepourpoint quelques paroles outrageantes où il n'entroit ni sel ni bon sens. Vif comme étoit le Marquis il y auroit eu sur le champ du carnage s'ils avoient eu leurs épées ; elles étoient demeurées dans la salle : il se contenta de leur répondre qu'ils étoient des brutaux à traiter à coups de baton; & sans en paroitre plus émû il nous ramena Nadine à l'autre côté du jardin. Il la pria en marchant de ne rien découvrir de ce qu'elle venoit d'entendre, elle lui promit tout ce qu'il voulut, parce qu'ignorant nos maniéres, elle ne prevoyoit pas les suites de cette quérelle. Le Marquis s'étant promené

mené encore quelques minutes a-
vec nous, nous quitta sans affectation: il rejoignit les deux Gentilhommes qui étoient retournez à la salle, & leur ayant déclaré qu'il falloit se battre ils convinrent ensemble du tems & du lieu. Il leur
promit d'avoir un second. On aura peine à croire sur qui il jetta
les yeux pour cela. Ce fut sur
Brissant, dont le lecteur peut se
souvenir qu'il avoit éprouvé le
courage en Espagne. Brissant ne
dementit point l'idée que son Maitre avoit de lui. Je dois avertir
qu'il ne portoit point la livrée.
Le Marquis avoit eû cette consi-
deration pour lui, parce qu'il étoit
d'une honnête famille. Ils se ren-
dirent au lieu du combat vers les
sept heures du soir. Ils furent assez heureux, si ces funestes acci-
dens peuvent porter le nom de
bonheur, pour tuer chacun leur
homme : le Marquis ne reçût point
de blessure, Brissant eût la cuis-
se percée d'outre en outre. J'é-
tois appuié sur une fenêtre qui
donnoit sur la cour, & bien éloi-

L 6

gné

gné fans doute de rien foubçonner
de cette tragedie , lorfque je les
apperçûs de loin qui s'avancoient
lentement l'une auprès de l'autre.
Le Marquis avoit le bras paffé
fous celui de Briffant pour l'aider
à marcher.   Une fituation fi fa-
miliere me déplaifoit , & je me
propofois bien de lui en faire un
reproche.   Ils entrerent dans la
cour : l'air pâle de Briffant , quelques traces de fang que j'apperçûs
fur fes bas , & la pofture du Marquis qui étoit toûjours la même,
me firent naître des idées fâcheufes. Enfin je fus triftement éclair-
ci par le difcours du Marquis qui
me tira en particulier pour me raconter fon avanture. Je ne pouvois prefque me la perfuader.   Je
lui en fis repeter les circonftances
& ma furprife augmentoit chaque
fois.   Ce n'étoit point une affaire
à cacher dans la famille.   Nous
tinmes confeil en commun fur la
conduite qu'il nous falloit tenir.
Voici le parti auquel il me parut
que nous devions nous arrêter.
J'envoyai querir le Bailli du lieu,

&

& sur la déposition du Marquis & le témoignag de Nadine nous lui fimes faire un écrit que nous signames tous, pour attester les circonstances du fait. Il y paroissoit manifestement que le Marquis n'étoit point l'agresseur, qu'il avoit été insulté sans raison avec la derniére brutalité, & que la vengeance avoit été tirée sur le champ. En effet la distance n'avoit pas été assez grande entre l'insulte & le combat pour rendre cette petite altération criminelle. Je fis partir sur le champ Scoti en poste avec un lettre pour Mr. le Duc où je renfermai cet écrit, & dans laquelle je m'expliquois encore plus exactement. Je ne doutai point que le credit de Mr. le Duc joint aux témoignages que je lui envoyois en faveur du Marquis, n'assoupît tout d'un coup cette affaire. Cependant pour ne rien négliger je partis le soir même avec le Marquis & je pris le chemin de la Chartreuse où mon Pere étoit mort. Je choisis cet asile parce que l'endroit est écarté,

&

& si proche de la frontiere, que nous pouvions sortir du Royaume en moins d'une heure; outre que j'étois asseuré d'y être reçû avec tous les égards possibles, & d'y pouvoir demeurer longtems sans que le Marquis fût exposé à être reconnu. Je n'avois communiqué le lieu de notre retraite qu'à mon gendre, à ma fille & à Scoti.

Nous arrivâmes sans obstacle à la Chartreuse : le Pere Prieur & tous les Religieux furent charmez de me revoir. Je ne leur découvris point notre embarras, je leur dis seulement que nous passerions quelques jours avec eux, & que pour ne pas troubler leurs pieux exercices nous vivrions comme eux dans la solitude & dans la paix. La vûë de cette sombre retraite où mon cher pere avoit expiré dans la penitence, reveilla toutes les idées de mon premier âge. Je menai le Marquis sur sa tombe & je ne craignis point de lui laisser voir que ce spectacle me touchoit encore assez pour me faire verser

des

des larmes. Il fut attendri de ma douleur jusqu'à en répandre lui-même. Je m'apperçus qu'il s'efforçoit pour les cacher. N'ayez point de honte, lui dis-je, de ces marques de tendresse & de compassion; elles font honneur à votre bon naturel. Les cœurs durs & cruels ne sentent point de douceur à pleurer : des larmes répanduës avec bienséance & avec modération font la preuve d'un caractére sensible & genereux; elles ne deshonorent jamais. Il me demanda par qu'elle raison mon Pere avoit pû choisir un genre de vie aussi extraordinaire que celui de chartreux, je lui promis de lui raconter toute l'histoire de ma vie, dont il n'avoit jamais entendu qu'un petit nombre de circonstances détachées. J'executai ma promesse quelques jours après & ce recit le toucha si vivement, qu'il fondit en larmes en plusieurs endroits de ma narration. Je lui dis en finissant; voilà, mon cher Marquis, ce que vous desiriez d'entendre; croyez-vous maintenant

votre curiofité bien payée. Il me
répondit avec une ardeur & une
tendreffe que je n'oublierai jamais;
Mr. de Renoncourt , mon cher
pere, je vous ai cheri jufqu'à préfent par inclination & parce que je
ne pouvois manquer fans une extréme ingratitu d d'avoir ce retour pour vos bontez & pour vos
foins ; mais j'ai le cœur fi pénétré de tendreffe & d'admiration par
votre recit , que votre pere ni votre époufe n'ont jamais eû pour
vous plus d'affection que moi ,
& je prie le ciel de ne m'être pro-
pice qu'autant que je conferverai
toute ma vie ce fentiment. Je l'affurai qu'il auroit peine à m'accorder tant d'amitié qu'elle pût furpaf-
fer celle que j'avois pour lui. C'eft
dequoi je fuis trop perfuadé, re-
prit-il en m'embraffant , & c'eft ce
qui doit fervir encore d'un nouvel
éguillon à la mienne. Je pris ce
moment d'ouverture & d'effufion
de cœur pour lui parler de la chaleur inconfiderée avec laquelle il
s'étoit engagé dans une démarche
auffi criminelle & auffi dangereuſe

se que l'est un duel. Je ne lui en
avois pas fait encore le moindre
reproche, n'aiant pas voulu d'a-
bord augmenter le trouble que cette action avoit dû lui causer. Il
ne manqua point de raisons pour
l'excuser ; & dans le fond j'é-
tois embarassé moi-même à lui
prouver qu'il eût eu tort. Cependant je lui représentai vivement
l'énormité d'un combat si sanglant,
& je le fis convenir du moins qu'il
auroit dû m'avertir de sa quérelle,
pour chercher ensemble tous les
temperamens que l'honneur auroit
pû permettre avant que d'en venir
aux remedes extrémes. Le retour
de Scoti nous fit sortir bientôt d'inquiétude. Il revint le sixiéme jour
après notre arrivée à la Chartreuse, avec une lettre de Mr. le Duc,
qui nous marquoit que nous pouvions reparoitre sans crainte. Nous
ne tardames point à quitter notre
retraite. Le Marquis s'attendoit
que nous retournerions à la terre
de ma fille. Je lui dis qu'il ne falloit plus penser à se faire voir dans
un lieu où sa vie ne seroit peut-

être

être pas en sûreté ; qu'il étoit à craindre que les parens des malheureux qui avoient péri par sa main ne conservassent d'autant plus de ressentiment qu'ils perdoient l'esperance d'être satisfaits par les voyes ordinaires , & que si son honneur sembloit justifier le premier péril auquel il s'étoit exposé, la sagesse & la Religion devoit lui en faire éviter de nouveaux. Je lui fis prendre presque malgré lui le chemin des terres de Mr. le Duc. La tristesse où il fut plongé continuellement pendant la route me fit juger de ce qui se passoit dans son cœur. C'étoit l'absence de Nadine qui le tourmentoit & la crainte de ne jamais la revoir, s'il ne lui étoit plus permis de paroitre dans la terre de ma fille. Ma niéce n'avoit pas manqué de lui apprendre que son pere la laisseroit en France : je ne sçais quelles esperances il fondoit là-dessus, mais il me demanda le premier soir après nous être mis en chemin, si c'étoit une chose bien sûre qu'Amulem consentît à

nous

nous laiſſer ſa fille. Comme j'affectois d'ignorer ſa paſſion pour
elle, je lui répondis naturellement
que c'étoit une affaire reſoluë, &
que je m'imaginois qu'il n'en é-
toit pas fâché, lui qui avoit eû
tant d'amitié pour elle lorſqu'il
la croyoit Memiſcez. Je fis une
faute conſiderable en lui donnant
cette occaſion de me déclarer ſes
ſentimens; car ſoit qu'il trouvât
quelque choſe qui flattoit ſa paſſion dans la maniére dont je m'é-
tois exprimé, ſoit qu'il cherchât
de longue main un moment favorable pour me la découvrir, je
n'eus pas achevé de parler qu'il
reprit ainſi la parole: il n'eſt que
trop vrai que j'ai conçû la plus
violente affection pour votre Niéce, tandis que je ne la prenois que
pour Memiſcez; mais croyez-vous,
me dit-il en me regardent triſte-
ment, qu'elle ſoit éteinte depuis
que j'ai connu ſon ſexe? Je crois,
lui répondis-je, que l'amitié que
vous avez pour moi s'étend juſqu'à ma Niéce, & je vous remer-
cie de cette bonté qui fait beaucoup.

coup d'honneur à ma famille. U-
ne petite fille Turque, continuai-
je pour lui ôter l'envie de s'expliquer d'avantage, qui va se trouver privée de son pere, & qui per-
droit tout si elle venoit à me perdre, sera peut-être un jour fort
heureuse d'avoir la protection d'un
homme tel que vous. Je pense,
ajoutai-je, à la faire entrer à St.
Cyr, ce seroit une fortune pour
elle d'y obtenir une place pour
toute sa vie. Mon dessein est d'employer pour cela le credit & la bonté de Mr. le Duc, & je me flat-
te que vous voudrez bien interce-
der pour cette pauvre petite étrangere. Mon discours l'embarassa
quelques momens. Il poussa un
profond soupir : ah ! Monsieur, me
dit-il, que je suis malheureux si
vous faites semblant de ne pas
m'entendre ! Pourquoi ne voulez
vous pas reconnoitre que j'aime
éperduëment votre charmante Niéce, & que du caractére dont je
suis il est impossible que je cesse
jamais de l'aimer ! Ce n'est pas
une passion née d'aujourd'hui, ce
n'est

n'eſt point un emportement de jeuneſſe tel que ceux dont j'ai peut-
être été capable par le paſſé ; je
ſens que c'eſt la plus importante
& la plus ſérieuſe affaire de ma
vie. Vous ſçavez bien vous-même qu'après l'affaire de Donna
Dianna, je ne ſongeois guéres à
prendre de nouveaux engagemens.
J'aurois juré que l'amour ne me
feroit jamais rien : cependant vous
pouvez vous ſouvenir que j'ai aimé votre Niéce ſans le vouloir,
& bien long tems avant que de la
connoitre. Comment puis-je expliquer cela, ſi non comme un
coup du Ciel qui veut que je m'attache à elle pour toute ma vie?
Serai-je le ſeul homme du monde
qu'on obligera toujours de faire
violence à ſon cœur, & de renoncer à toutes ſes affections ! pourquoi condamneriez-vous une inclination que je n'ai pas cherché
à faire naître, qui n'offenſe perſonne, & qui s'accorde avec le
plus ſévére devoir. Ne m'avez-
vous pas dit mille fois que l'a-
mour n'eſt point une paſſion cri-

mi-

minelle, quand il est réglé par
l'honneur & par la vertu ? vous
ne me répondez rien, continua-
t-il, dites moi du moins si je me
trompe, ou si c'est vous qui m'avez
trompé.

Mon attention étoit partagée
pendant le discours du Marquis
entre le soin de l'écouter & celui
de lui préparer ma reponse; son esprit s'étoit si formé dans nos voyages que je crus devoir m'expliquer avec lui comme j'aurois fait
avec une personne d'un âge plus
avancé. Je lui répondis donc tranquillement que loin de l'avoir
trompé je pouvois l'assurer qu'il ne
s'égareroit jamais en suivant les
maximes que j'avois taché de lui
inspirer; que pour ce qui regardoit l'amour en particulier, il a-
voit raison de croire que l'honneur
& la vertu n'en produisent jamais
de criminel; qu'il ne devoit donc
point craindre mes reproches s'il
avoit suivi deux si bons guides, &
qu'il n'en avoit point à se faire à
lui-même; mais que pour reconnoitre s'il ne se trompoit pas, il
fal=

falloit avoir recours à l'examen
de la raison. Vous aimez ma niéce lui dis-je, & tous les sentimens
de votre passion sont honnêtes &
vertueux ; cela est dans l'ordre,
mais vous supposez que l'honneur & la vertu vous ont permis
de vous livrer à cet amour, &
c'est ce qui avoit d'abord besoin
de preuve. Vous ressemblez à un
homme qui feroit un usage honnête du bien d'autrui : il ne seroit
pas précisément coupable pour cet
honnêteté avec laquelle il sçauroit
en user, mais pour avoir pris injustement le droit d'en faire usage.
Quelque innocence que vous sup-
posiez dans votre passion pour ma
Niéce, qu'elles ont pu être vos
vûës en prenant ces sentimens pour
elle ? Est-ce seulement de l'aimer
comme vous dites avec honneur
& avec vertu ? si cela est possible,
à la bonne heure, j'y consens,
Nadine sera trop honorée de votre affection : Mais si vous n'i-
gnorez pas vous-même qu'un a-
mour si metaphisique est une chimere, que ne convenez-vous qu'il

est

est impossible que vous vous arrê-
tiez dans ces bornes ! Cependant
je ne vois que des précipices de
tous côtez si vous en sortez. Le
moins dangereux pour vous sera
peut-être la honte de ma niéce :
c'est à vous de voir si vous me
préparez cette triste recompense
pour tous les soins que j'ai pris
de votre jeunesse, & pour la tendre amitié qui m'attache à vous
si sincerement. Reconnoissez donc,
mon cher Marquis, que si vous
avez bien retenu mes principes vous
en faites mal l'application. Il n'y
a rien de vicieux aujourd'hui dans
vos sentimens, je l'accorde ; mais
comme vous avez dû prévoir qu'ils
le deviendront un jour nécessai-
rement, l'honneur même & la vertu sur lesquels vous vous retran-
chez si fort, étoient ce qui devoit
vous les faire éteindre , ou vous
empêcher de les laisser naitre. Que
pouvez vous opposer à des raisons
si fortes ?

Une seule réponse, me dit-il,
qui les détruit toutes. C'est que
bien loin de prétendre m'arrêter

à cette chimere que vous appellez un amour metaphifique, je me propofe d'épou er votre niéce fi vous y confentez. C'eft ce que j'ai eu deffein de vous faire comprendre par les termes de vertu & d'honneur dont je vous ai dit que toutes mes vûës font remplies. Si vous étiez encore un enfant, repliquai-je, je vous pardonnerois un defir fi plein d'indifcretion; mais je vous avoüe que je ne le comprends pas à votre âge, & que j'en fuis même irrité Je ferois au défefpoir que Mr. le Duc fçût jamais que vous m'avez fait une telle propofition, & que je l'aie écoutée avec tant de patience. Non, non, Monfieur, continuaije en me levant de ma chaie avec quelque émotion, n'efperez pas de me mettre de moitié avec vous dans vos petits defordres ; vous avez jufqu'ici mal connu mes principes. Je périrois plûtôt que de trahir en quoique ce foit la confiance de Mr. votre pere. Sçavez-vous de quoi vous allez être caufe? Je me priverai pour vous

rendre plus sage, de la satisfaction
de voir ma niéce en la renvoyant
en Asie avec son pere. Je n'avois
jamais parlé au Marquis d'une
maniére si vive. L'impression que
mon discours fit sur lui, jointe
au mauvais succès de son amour
& à la crainte de perdre Nadine,
lui causa un chagrin si violent qu'il
en répandit des larmes : il s'ap-
puia sur la table en cachant ses
yeux de son mouchoir. J'affectai
plus de dureté que je n'en avois,
pour ne lui laisser aucune esperance de me trouver jamais la moindre facilité pour ses desseins. Je
me retirai, en l'exhortant à prendre un peu plus de pouvoir sur lui-
même, & à tirer quelque fruit de
son experience & de ses Avantures passées.

Mr. le Duc n'étoit point encore dans ses terres lorsque nous y
arrivâmes. Il y vint deux ou trois
jours après. Je remarquai que loin
d'être mécontent du combat du
Marquis, il avoit de la joye qu'il
eût eu cette occasion de faire connoitre son courage & sa fermeté
avant

avant que d'avoir parû dans le monde. Comme je lui marquois le chagrin que j'avois reffenti de n'avoir pû prevenir cette quérelle, il me dit, j'avoüe que les rencontres fâcheufes doivent toujours être évitées, mais ce n'eft point abfolument un mal pour un jeune homme quand il s'en eft tiré heureufement. Il me parut qu'il en embraffoit le Marquis avec plus de tendreffe. Lui aiant entendu dire qu'il pafferoit un mois ou fix femaines dans la Province, je le priai de trouver bon que je retournaffe pour quelque tems chez ma fille. J'arrêtai de nouveau avec lui notre départ pour l'Allemagne: l'automme n'étoit pas encore commencée. Nous pouvions nous rendre à vienne avant l'hiver & le paffer dans cette ville. Amulem avoit le même deffein; je comptois toujours d'entreprendre ce voyage avec lui. Le jour que je quittai Mr. le Duc, le Marquis vint le matin dans ma chambre; il me pria d'un air timide de ne pas executer la menace que je lui

M 2

avois

avois faite de renvoyer Nadine en Turquie. Je lui dis que c'étoit à moi-même à le prier de ne pas m'y contraindre ; que ma niéce m'étant extrémement chere je ne me priverois pas volontiers d'elle; mais que j'avois aussi tant d'amitié pour lui qu'il n'y avoit rien que je ne sacrifiasse pour le retenir dans son devoir, & pour assurer le fruit de mes instructions. Il me promit tout ce que je lui demandai, à la reserve de cesser d'aimer Nadine. Je ne prévoiois pas en retournant tranquillement chez ma fille que j'allois y trouver de nouvelles peines. La premiere nouvelle qu'on m'apprit à mon arrivée fut la mort de Mylord R... dont son épouse avoit été informée deux jours auparavant par des lettres particulieres de Londres ; j'allai saluer cette Dame & lui faire des complimens sur sa perte. Il étoit naturel de juger que je ne la trouverois pas dans une extréme affliction ; je me figurois même qu'elle auroit besoin de tous les motifs de la bienséance

séance pour diffimuler fa joye :
Cependant je lui trouvai toutes
les marques d'une profonde triftef-
teffe. J'étois feul avec elle , &
dans le deffein de n'y pas être longtems , car j'évitois toûjours de la
voir tête à tête : l'experience que
j'avois eu de ma foibleffe me tenoit en garde contre moi-même.
Je ne fçai comment je puis faire
ces fortes d'aveus fans rougir. A-
près quelques momens de converfation j'étois prêt à fortir de fa
chambre , & je m'étois déja levé
pour cela; elle me pria de me remettre fur ma chaife : je veux apprendre de votre bouche , me dit-
elle , une vérité qui importe à mon
repos. Vous fçavez dans quelle
vûë j'acceptai la retraite que vous
m'offrites chès Madame votre fille , & ce qui m'y a retenu fi longtems. Comme mes promeffes ont
été finceres , j'ai crû que votre
confentement l'étoit auffi. Cependant aujourd'hui que nous fommes libres d'executer nos engagemens & que je me rejouiffois de
cette liberté comme d'une chofe

qui vous feroit auffi agréable qu'à
moi, j'apprens de Madame votre
fille que vous étes abfolument
changé à mon égard, & qu'il ne
vous refte plus le moindre fentiment d'eftime pour moi. De grace,
Monfieur, apprenez moi donc ce
qui me l'a fait perdre, & par où
je vous fuis devenuë méprifable.
Ce difcours me parût fi inintelligi-
ble que je ne fçus d'abord ce que
je devois penfer de la fituation de
fon efprit. Elle prit fans doute
mon filence & mon étonnement
pour une confirmation de ce mépris prétendu qu'elle me repro-
choit. J'en jugeai par le defordre
que j'apperçûs fur fon vifage &
dans fes yeux, & plus encore par
la fuite de fes paroles. Elle me
dit mille chofes piquantes fur mon
ingratitude, fur ma lâcheté, fur
ma perfidie, & fur mon âge même qu'elle n'eut garde d'oublier.
Elle fondoit en larmes. Cette fcene
à laquelle je m'attendois fi peu, me
mit moi-même dans un defordre
incroyable. Ayant enfin retrouvé la force de m'exprimer, je lui
de-

demandai avec toute la douceur dont je fus capable ce qui avoit pû cauſer ſon émotion, & pourquoi elle me traitoit ſi mal ſans m'avoir fait connoitre en quoi j'avois eû le malheur de l'offenſer. Peut-être que cette queſtion l'auroit encore irritée d'avantage, ſi je n'euſſe repris la parole auſſi-tôt pour lui proteſter que je ne me ſentois conpable de rien; que mon eſtime pour elle n'avoit jamais reçû d'altération & que je ne lui avois jamais fait de promeſſes que je ne fuſſe diſpoſé à tenir, aux dépens de ce que j'avois de plus cher.

Elle parût un peu remiſe par ces aſſurances. Ecoutez, Monſieur, me dit-elle, je ne veux point être trompée: n'eſt-il pas vrai que vos ſentimens pour moi ne ſont pas tels que vous m'aviez donné lieu de le croire & que je me ſuis flattée de les mériter? Je ne vous dis rien que je ne tienne de la Marquiſe votre fille, & la Marquiſe m'a aſſurée qu'elle le tient de vous-même. Comme tout ce diſcours me paroiſſoit encore plein d'obſcu-

ritez

ritez, je me bornai à cette réponse générale, qu'il n'y avoit assurément personne au monde qui eût
pour elle plus d'estime & de sincere attachement que moi ; & que loin
que mes sentimens eussent changé, je ne la voyois jamais sans
m'y affermir & même sans les redoubler. Je lui demandai ensuite
la liberté de sortir un moment pour
m'éclaircir avec ma fille de ce qui
avoit pû donner lieu à un mal-en-
tendu si desagréable.

Effectivement j'avois la derniè-
re impatience d'entretenir ma fille.
J'allai la trouver sur le champ,
& je lui fis d'abord des reproches
qu'elle ne comprit pas plus que je
n'avois fait ceux de Mylady. En-
tendons nous, me dit-elle ; de
quoi est-il question? Je lui expliquai
ce qui venoit de m'arriver. Elle
m'apprit à son tour que Mylady
l'étoit venuë trouver après avoir
reçû la nouvelle de la mort de
son époux, & qu'elle l'avoit priée
de rendre graces au Ciel avec elle
de l'avoir délivrée du plus cruel
de ses ennemis ; que j'étois devenu

mu enfuite le fujet de leur converfation; que Mylady lui avoit déclaré qu'elle étoit prête à me donner la main, & qu'elle s'imaginoit que j'aurois beaucoup d'empreffement pour recevoir d'elle cet honneur. Je lui répondis, continua ma fille, que vous feriez fans doute infiniment fenfible à fa bonté; mais que connoiffant votre goût pour la retraite, je doutois que vous repriffiez aifément les liens du mariage. Elle me preffa de lui expliquer plus clairement ce que je fçavois de vos intentions: je ne fis pas difficulté de lui dire que je vous avois fondé nouvellement & que vous m'aviez écouté fi peu volontiers, que j'avois été contrainte de vous faire des excufes & de vous appaifer par des foumiffions: elle ne repartit rien à ce difcours, ajouta ma fille, & je l'ai vûë trifte & fombre depuis ce moment là, fans qu'elle m'ait voulu découvrir ce qui met ce changement dans fon humeur.

Je vis clair auffi-tôt dans ce qui s'étoit paffé, je ne doutai point

                    que

que Mylady ne se tint offensée de
cette espece de refus qu'elle s'i-
maginoit que ma fille lui avoit fait
de ma part, & peut-être par mon
ordre. Je conçus aussi ce qu'elle
avoit voulû dire en me parlant de
promesses ; mais je ne comprenois
pas encore ce qu'elle entendoit par
mon consentement & par nos engagemens, car elle avoit employé
ces deux termes dans ses reproches. Je me souvenois parfaitement qu'à son départ de Londres,
elle s'étoit engagée à m'épouser
lorsqu'elle le pourroit, & que j'y
voudrois consentir ; je ne lui avois
répondu que par mon silence. Je
ne voyois point que cela dût porter le nom d'un engagement. Je
fis mes reflexions sur la conduite
que je tiendrois avec elle. Ma
fille qui souhaitoit en secret ce mariage m'insinuoit adroitement toutes les raisons qu'elle croyoit propres à m'ébranler : mon foible cœur
se mettoit aussi de la partie. Il y
avoit même des momens où je
me trouvois ridicule de resister aux
avances d'une Dame charmante
qui

qui me marquoit tant de tendreffe; car je pouvois me perfuader
avec raifon qu'elle étoit fincere:
à quoi aurois-je attribué fon empreffement fi ce n'étoit à l'amour,
& à un amour affez fort pour dé-
rober à fes yeux ma vielleffe & le
mauvais état de ma fortune. Son
reffentiment même & fes reproches me paroiffoient avoir quelque
chofe de flateur & d'obligeant pour
moi. Je vis l'inftant que cette
feule penfée d'être aimé à mon â-
ge par une femme fi aimable, alloit faire pancher la balance, &
renverfer les refolutions de trente
ans. Mais ferai-je aimé, repre-
nois-je bientôt, comme je l'ai é-
té par Selima? Retrouverai-je ces
ardeurs, ces tranfports, ces dé-
licateffes inexprimables? un cœur
accoutumé à cette façon d'aimer
fi particuliere à ma chere époufe,
eft-il propre à lier commerce avec
un autre cœur; entendroit-il le
langage d'un autre & feroit-il entendre le fien? Je ne fçaurois des-
avouer que mes irrefolutions du-
rerent longtems. Je revis Myla-

M 6

dy

dy R... fans avoir pris de parti
arrêté. Elle voulut néanmoins
s'affurer de mes difpofitions, &
elle me preffa fouvent d'une maniére embaraffante. Je fuis trompé même fi elle n'agiffoit de concert avec ma fille qui me renou-
velloit à tout moment fes inftances & fes raifonnemens feduifans.
Amulem augmenta même la per-
fecution ; ma fille le mit dans le
fecret de cette affaire ; il employa
quantité d'Argumens Turcs pour
me convaincre, qu'il n'y a point
de bonheur fans femme, auffi bien
dans ce monde-ci que dans l'autre. Peut-être aurois-je enfin cedé à tant d'attaques, fi le ciel ne
m'eût fecourû par un évenement
qui me fit r'ouvrir les yeux fur
mon devoir, & qui m'infpira affez
de force pour le remplir.

Ce fut la mort prefque fubite
du pauvre Scoti. Ce fidele valet
m'avoit fervi pendant quarante-
huit ans, fi l'on en excepte quelques
années que j'avois paffé en Turquie dans l'efclavage. J'aurois
peine à décider qui l'emportoit,

ou

ou moi par la confiance & les é-
gards que j'avois pour lui, ou lui
par son zéle, son respect & son in-
violable attachement pour moi.
Il se vantoit à tout instant de mes
bontez, jamais valet, disoit-il, n'a-
voit en un meilleur maitre ; je lui
dois cette justice aussi, que jamais
on ne fut servi par un meilleur valet. Il mourut d'une maladie extraordinaire pour un homme de son
âge ; ce fut une pleuresie, qu'il
avoit gagnée s'échauffant trop à
la chasse & qui le mit en trois jours
au tombeau. Je le vis expirer.
Ces spectacles ont toujours quelque chose d'attendrissant pour un
bon naturel ; mais après avoir donné quelques larmes à sa mort, ma
compassion se tourna sur moi-même. Je fis réflexion combien je
touchois de près au même terme,
& m'etant trouvé à ses funerail-
les, je considerai sa fosse comme si
elle eût été ouverte pour moi-même. Je l'examinai avec une triste
& lugubre curiosité. Mes yeux
ne pouvoient se détacher de ce
funeste objet. Je ne retournai point

au logis en sortant de l'Eglise ; je
resolus de démêler une multitude de pensées sombres & confu-
ses dont je me sentois l'esprit comme assiégé. Je m'enfonçai dans
le bois qui est auprès de la maison de ma fille.

Là je jettai les yeux sur cette longue & malheureuse suite d'années qui s'étoient écou-
lées pour moi depuis le tems que
le pauvre Scoti étoit entré à mon
service , c'est-à-dire depuis mon
enfance. Dans quelque partie de
cette vaste carriére que je por-
tasse mes regards , j'y appercevois
des vestiges d'infortune & de douleur. A peine y pouvois-je compter quelques momens de plaisir,
& parmi ces courts & legers in-
stans je n'en voyois aucun qui
n'eût été suivi par d'innombrables
amertumes. Je m'étois vû enle-
ver successivement par la mort ou
par la fortune tout ce qu'on appelle objets d'estime , de tendresse
& d'attachement. Les remedes mêmes de mes pertes s'étoient chan-
gez en poison ; & le seul que
j'a-

j'avois crû infaillible & dont j'avois heureusement commencé à sentir l'effet, (Je parle de ma retraite & de mon éloignement du monde) je m'en étois privé par un excès de molle complaisance, dont j'étois puni bien rigoureusement par le renouvellement de toutes mes peines. Mais ce qui m'humilioit le plus étoit de voir revivre mes foiblesses avec mes malheurs. Souffrir , perdre , être agité continuellement & privé de la joye & du repos , c'étoit le crime de la fortune : mais me laisser vaincre par l'amour à l'âge de soixante ans , être encore la proie d'une honteuse flamme & le jouet de toutes les passions de mon cœur, c'étoit mon propre crime & le sujet d'un éternelle confusion. Voyons du moins quelles sont mes excuses, disois-je en moi-même ; cherchons des prétextes qui puissent diminuer ma honte. Helas ? j'en cherche inutilement. Le monde, la Religion, la nature , ma propre raison ne me condamnent-ils pas ? Que je sorte pour

un

un moment de moi-même, & que je considere ce corps appesanti par l'âge, ce cœur épuisé de sang & d'esprits, ces cheveux gris dont la couleur tient déjà de celle de la cendre, en un mot tout ce composé dont le sang & la couleur se retirent peu à peu, cette machine chancelante qui cesse par degrez d'être animée ; quels autres mouvemens cette vûë pourra-t-elle m'inspirer que ceux de la pitié & peut-être du mépris pour moi-même ? J'admirerai sans doute ma folle vanité, de me croire encore aimable ; je rirai de mes ridicules desirs. Combien doivent-ils paroitre plus monstrueux à d'autres yeux que les miens ? Non non, continuai-je, je n'en croirai ni Mylady R... ni ma fille ; l'une est aveuglée par l'amitié & l'autre par la reconnoissance. C'est ma raison qui doit être mon juge. Je suis heureux de l'avoir encore assez saine pour appercevoir le précipice au bord duquel je me suis si follement avancé, & je dois rendre graces au Ciel qui m'arrête te au moment que j'y allois tomber. Je me sentis plus fort après ces réflexions. J'en fis mille autres de la même sorte pendant l'espace de deux ou trois heures, la conclusion que j'en tirai & à laquelle je m'attachai d'une maniére inébranlable fut de ne plus flatter l'espérance de Mylady R... & de lui déclarer nettement qu'elle ne devoit point compter sur notre mariage. Je retournai chez ma fille dans cette résolution. Le Ciel qui me l'avoit inspirée m'offrit tout d'un coup l'occasion de l'exécuter. Etant rentré par la porte du jardin je rencontrai Mylady R... qui s'y promenoit seule : la bienséance ne me permettoit pas de la fuir ; je m'avançai vers elle. Après m'avoir fait quelques complimens sur la mort de Scoti, à laqu'elle elle avoit pris quelque interêt parce qu'elle lui avoit eu l'obligation de sa fuite d'Angleterre, elle me dit sans detour que si j'étois toujours dans la volonté d'accepter sa main, elle croyoit que de plus longs délais

étoient

étoient inutiles ; qu'à la vérité la mort de Mylord R... étoit encore toute recente ; mais que la maniére dont il en avoit ufé avec elle, leur longue féparation, & fon féjour en France, mettoient les chofes dans un point de vûë tout different de ce qu'elles feroient à l'égard des femmes ordinaires. Je ne balançai point à lui répondre ce que j'avois médité. Je fens comme je dois, Madame, lui dis-je cette généreufe conftance qui vous fait perfifter dans vos offres, & je vous affure que fi votre bonté eft exceffive, ma reconnoiffance eft telle que vous avez droit de l'éxiger. Mais je ferois indigne de votre eftime, fi je ne vous expliquois pas fincerement ce que je penfe de l'engagement que vous me propofez. Vous ne me connoiffez point, Madame, j'ofe vous le dire ; l'habitude que j'ai de compofer mon vifage a pû me faire regarder de vous comme un homme tranquille & difpofé à goûter le bonheur que vous m'offrez ; vous ne fçavez point que ma tranquilquillité exterieure est une fausse image qui trompe vos yeux. Vous allez fremir, Madame, en apprenant le véritable état de mon ame. Figurez-vous un malheureux homme, accablé de toutes les disgraces de la fortune, troublé par la perte de ce qu'il a aimé le plus cherement, accoutumé depuis quarante ans à pleurer & à gémir, sans cesse inquiet, distrait, agité ; desirant la mort comme l'unique remede de ses peines & la craignant néanmoins comme la fin d'une longue vie qui n'a pas toujours été innocente ; un homme dont toutes les pensées sont lugubres, & tous les sentimens douloureux. Ajoutez à ce triste portrait les infirmitez de la vieillesse, & les deperissemens causez par des voyages & des fatigues continuelles. Voila, Madame, ce qui est renfermé sous ces dehors qui en imposent encore, tel est le compte que la vérité m'oblige à vous rencre de moi-même. Vous lisez maintenant au fond de mon cœur: quel funeste présent vous ferois-je

je en vous l'offrant ! quel odieux
commerce ne feroit-ce pas pour
vous que celui d'un miferable qui
ne fentiroit point le prix de vos
charmes, qui troubleroit votre repos & votre joye par fes foupirs,
qui voudroit peut-être vous obliger à partager fes peines, ou qui
fe déroberoit de votre préfence
pour chercher dans la folitude &
dans les larmes l'unique forte de
bonheur qu'il eft capable de gouter. Songez y bien, Madame,
vous méritez un fort plus heureux;
votre générofité vous feroit funef-
te, fi vous en écoutiez encore les
mouvemens. Je ceffai de parler
pour attendre la réponfe de Mylady. Elle m'avoit écouté fans
lever les yeux, & je ne remarquai point que fa contenance fût
altérée. Elle me dit d'un ton de
voix tranquille, que fi mon procedé n'étoit pas galant, il étoit
du moins d'un honnête homme ;
qu'elle fe fentiroit peut-être offen-
fée de ma froideur, fi elle avoit
lieu de croire que ce fût fa préfence & fon peu de mérite qui la
fît

fît naître : mais que les raisons qu'elle avoit entenduës lui paroissoient fortes ; qu'elle ne demandoit pas sans doute un cœur qu'on ne pouvoit lui donner sans violence ; qu'elle s'étoit trompée, comme je lui avois dit, à l'air composé de mon visage ; qu'étant fort indifférente pour le plaisir des sens, elle auroit compté pour rien mon âge avancé, si elle eût pû trouver en moi un mari doux & complaisant comme elle se le promettoit sur mes manieres & sur ma figure ; mais qu'apprenant de moi-même que je ne pouvois rien mettre du mien pour la rendre heureuse, elle renonçoit à tous les droits que ses offres & ses avances pouvoient lui avoir donné sur mon cœur. Je lui baisai la main en l'assurant qu'elle en auroit toujours d'inviolables sur mon estime & sur ma reconnoissance. Je compte d'autant plus sur l'une & l'autre, reprit-elle, que je ne vous ai pas donné lieu assurément de me les refuser. Je ne tarderai pas même à vous en demander un té-
moigna-

moignage. J'ai besoin de vos conseils pour prendre un nouveau plan de vie & de conduite. Il n'y a point d'apparence que je demeure ici plus longtems, puisque je perds l'esperance qui m'y a retenue jusqu'à présent, quel lieu choisirai-je pour la retraite de ma malheureuse vie? Je lui répondis que tant qu'elle n'auroit point d'autres inclinations & qu'elle voudroit bien se contenter des efforts que ma fille feroit toujours pour lui plaire, elle n'avoit point d'autre retraite à chercher. Elle se rendit après quelque resistance, & s'étant tournée vers le corps de logis; ce sera donc ici, dit-elle, que je passerai le reste de mes jours. Elle ajouta qu'elle y mettoit trois conditions, la première qu'on l'avertiroit avec franchise, s'il arrivoit qu'elle devint incommode; la seconde que ne pouvant être son époux je lui en tiendrois lieu du moins par mes conseils, & par mon amitié; la derniere, qu Amulem & mon gendre consentiroient qu'elle adoptât Nadine

dine pour fa fille & pour fon héritiére. Cette conduite douce & généreufe me toucha jufqu'aux larmes ; je pris du caractére de cette aimable Dame une idée toute autre encore que celle que j'en avois eûë jufqu'alors. Vous ferez, Madame, lui dis-je, la Maitreffe abfoluë dans ma famille ; ma fille eft trop heureufe d'avoir une amie telle que vous ; je regarde moi-même l'occafion que j'ai euë de vous rendre quelques foibles fervices comme une des plus grandes faveurs que j'aie reçû de la fortune dans tout le cours de ma vie. Nous retournames au logis. Mylady fut la premiére à raconter à ma fille ce qui s'étoit paffé entre nous. Elle nous preffa fi fortement de lui accorder Nadine pour lui tenir lieu de fille, que nous confentimes à ce qu'elle demandoit avec tant de bonté. Ma niéce prit un lit dans fon appartement ; l'on verra qu'elle eut pour elle dans la fuite toute la tendreffe d'une véritable mere, & qu'elle la porta même un peu

trop

loin. C'est sur quoi ne je ne
m'explique point encore, ne vous-
lant pas préparer trop-tôt mon
lecteur à la tristesse.

Fin du cinquième Tome.

www.ingramcontent.com/pod-product-compliance
Lightning Source LLC
LaVergne TN
LVHW021143050726
842519LV00002B/490